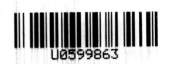

新时代背景下
中学图书馆管理研究

谢银铭 / 著

吉林出版集团股份有限公司

图书在版编目（CIP）数据

新时代背景下中学图书馆管理研究 / 谢银铭著. —长春：吉林出版集团股份有限公司，2021.7

ISBN 978-7-5731-0037-5

Ⅰ. ①新… Ⅱ. ①谢… Ⅲ. ①中学图书馆—图书馆管理—研究 Ⅳ. ① G258.69

中国版本图书馆CIP数据核字(2021)第148722号

新时代背景下中学图书馆管理研究

著　　者	谢银铭
责任编辑	郭亚维
封面设计	中尚图
开　　本	710mm × 1000mm　1/16
字　　数	235千
印　　张	14
版　　次	2021年8月第1版
印　　次	2021年8月第1次印刷
出版发行	吉林出版集团股份有限公司
电　　话	总编办：010—63109269 发行部：010—85173824
印　　刷	天津中印联印务有限公司

ISBN 978-7-5731-0037-5　　定价：59.00 元

前言

随着教育装备现代化的推进，中学图书馆馆藏内容逐步丰富，形式多样，管理手段趋向自动化、现代化，中学图书馆建设也面临新的机遇和挑战。中学图书馆作为学校的书刊资料信息中心，既是加强未成年人思想道德建设的阵地，也是构建校园文化建设的重要内容。既是实施素质教育、传承文明、陶冶情操的阵地，也是培养学生创新精神、实践能力和研究性学习的课堂。因此，加强中学图书馆建设和提高图书馆的工作管理水平显得尤为重要。

新时代背景下，我们要把中学图书馆办成为学校教育、教学和教研服务的资源中心，使其积极、主动地服务于学校的教育教学工作。通过为学校教科研提供专业化的文献信息服务，进一步提升教师与图书馆员自身的教科研能力，从而营造良好的教科研氛围，提高学校的教育教学质量。

中学图书馆的建设与管理是一项基础性、专业性、长期性的系统工程，许多有意义、有价值的工作有待我们去做。我衷心期望各级领导和在图书馆工作的同志们，以高度的使命感努力建设好、管理好并利用好中学图书馆，为我国基础教育事业的科学发展做出应有的贡献。

由于作者水平有限，在编写过程中难免有疏漏之处，在此，恳请各位专家、同行批评斧正!

目录

第一章　新时代背景下中学图书馆概述

第一节　图书馆概述

一、图书馆的认识

人们对图书馆的认识是随着社会的发展、社会信息技术的发展而逐步变化的。20世纪90年代以前，我国许多图书馆学教材对“图书馆”下的定义不完全相同，但通常采用由书目文献出版社出版的吴慰慈等编著的广播电视大学教材《图书馆学概论》中的说法，即图书馆是收集、整理、保管和利用书刊资料，为一定社会的政治、经济服务的文化教育机构。这是对传统图书馆的本质的概括：① 图书馆的工作程序——对书刊资料进行收集、整理、保存和利用；② 图书馆的工作对象——书刊资料；③ 图书馆活动的目的——为一定的社会政治、经济服务；图书馆是文化教育机构。

20世纪90年代以后，人类社会已步入信息时代，信息技术已成为当今世界上最先进的生产力。作为现代信息技术突出代表的高速信息网，使人类社会获取信息、存储信息、处理信息、传输信息、控制信息的能力空前提高，也将图书馆带入了一个崭新的网络环境。在网络环境下，图书馆的功能和社会作用有了新的变化，图书馆的概念也有了新的发展。

在当今信息社会中，图书馆应是社会知识、信息的保存、传递与扩散的重要机构之一。吴慰慈、董焱在《图书馆学概论》中对图书馆的概念作了修正：“图书馆是社会记忆（通常表现为书面记录信息）的外存和选择传递机制。换句话说，图书馆是社会知识、信息、文化的记忆装置、扩散装置。”我们认为在众多的图书馆学新教材中，吴慰慈、董焱的观点具有代表性，这个定义适用于传统和未来图书馆。在社会发展的各个阶段，无论图书馆的形态如何，图书馆都承担着知识、信息的存储、整序、传递乃至增值服务的职能。未来图书馆可能不以我们熟知的实体形态存在，但只要存在一种充当社会知识、信息的记忆、扩散装置的机制，我们就可以将其视作传统图书馆的未来形态。

二、图书馆的组成要素

我国著名的图书馆学家杜定友先生早在《图书馆管理法上之新观点》一文中就提出了图书馆三要素：书、人、法。“书指的是图与书等一切文化记载；人指的是阅览者；法包括设备、管理方法与管理人才。三个要素之间是三位一体的关系”。著名图书馆学家刘国钧先生就在《图书馆学要旨》中指出：“图书馆成立的要素，若加以分析，可以说有四种：① 图书；② 人员；③ 设备；④ 方法。”刘国钧先生还在《什么是图书馆学》一文中，又提出了读者、图书、领导与干部、工作方法、建筑与设备的“五要素说”。图书馆“五要素说”一直影响至今。

图书馆的构成有五项基本要素：文献信息资源、用户、工作人员、技术方法、建筑与设备。

文献信息资源——图书馆赖以存在和开展工作的物质基础。图书馆文献信息资源的类型主要有以纸为介质的图书期刊等文献、计算机可读信息、多媒体信息、各类数据库等。

用户——即读者，是图书馆服务的对象。凡是具有利用图书馆资源条件的一切社会成员，包括个人和集体，都可以成为图书馆的用户。这些用户可以是不同年龄、不同性别、不同职业、不同知识结构的，他们对文献资源的需求是各不相同的，对服务的方式也是不相同的。图书馆的工作之一就是发展用户、研究用户、服务用户。用户的存在和需求决定着图书馆服务工作的价值，也是推动图书馆服务工作的动力。用户的文献信息需求是图书馆存在和发展的根据，用户工作是图书馆的中心工作，也是图书馆改进管理水平和技术条件、提高服务质量的目的所在。

工作人员——图书馆活动的组织者和管理者。工作人员是图书馆活动的管理者和组织者，是使文献信息与用户发生关系的中介和枢纽，是使文献、信息的价值由潜在变为现实的关键。图书馆工作的好坏，图书馆社会作用的大小，取决于提高工作人员的业务技能、服务精神和道德素养等。

技术方法——做好图书馆工作的主要手段。技术方法是做好图书馆工作的主要手段。图书馆能不能发挥作用，主要取决于图书馆工作人员能不能掌握先进、正确的技术方法。现代图书馆作为社会知识信息的交流工具，必须以各种物质技术手段、工具和方法作为自己存在的基础。信息技术的发展是图书馆不断进步的重要保证。

建筑与设备——图书馆的物质条件。建筑与设备是图书馆的物质条件。建筑与设备要适应图书馆文献信息的状况和服务功能的要求，否则就会妨碍图书馆工作的开展，降低图书馆的社会功能。

图书馆的这些要素相互结合、相互作用，构成了图书馆这个发展着的有机体。在这五个要素中，决定性的要素是工作人员。因为工作人员是图书馆活动的管理者和组织者，图书馆的社会效益和价值都是通过工作人员来实现的。因此充分发挥图书馆工作人员的组织和管理作用，以各种类型的用户为服务对象，以科学、实用的文献信息为物质基础，以先进的技术方法为服务手段，为用户提供必备的物质设备和良好的信息检索等使用条件，这就构成了现代图书馆理想的结构模式。

三、图书馆的起源与发展

（一）图书馆的起源

图书馆是人类社会发展到一定阶段的产物。人类的社会生活、生产劳动离不开信息交流、经验传承。人类社会信息交流和经验传承的方式主要有两种：直接交流和间接交流。直接交流是人们之间通过语言、动作、表情等体态语言，直接接触而产生的信息交流。在文字出现之前，人们是依靠口头语言进行社会交际，用“结绳记事”“刻木记事”的方式来记录生产、生活经验。但这种记录方式有很大的局限性。直接交流受时间、空间、语言等限制，不能有效长期贮存。而间接交流是人们通过辅助工具间接接触产生的信息交流，间接交流突破了直接交流的局限。当人类社会创造了文字，有了书写工具和记录载体，文字作为一种辅助交际工具，它的最大特点就是能克服时间和空间的局限，大大地扩展了人类交际的时间和空间，丰富了信息交流的方式和途径。人类在生产生活中积累的知识、经验，人类的思维活动得以用文字的形式记录保存。文献的出现，随之而来的问题：如何收集、整理，如何保存、利用这些文献。所以说，人类社会信息交流的需要是图书馆产生的前提，文字和文献的出现是图书馆产生的直接动力，文献的积累和交流是图书馆产生的社会根源。图书馆直接起源于保藏文献。文献的产生是以人类社会信息交流的需求为前提，以社会生产力的发展为物质基础，它的产生又促进了社会文明的发展。图书、文献资料记录的是人类的智慧，图书馆是人类社会的文明尺度，图书馆事业的发达与否，反映了一个国家科学技术、生产力和综合国力的发达程度。

（二）图书馆的发展

图书馆在其发展的过程中大致经历了古代、近代、现代三个时期。

1. 古代图书馆

古代图书馆发端于奴隶社会，发展于封建社会。据考古发现，在世界著名的四大文明古国，都有图书馆的存在。古巴比伦王国有着迄今人们所知道的最早的图书馆；公元前28～前23世纪，古埃及的古王国时期，就已经有了王室图书馆；公元前6世纪，古希腊就有了公共图书馆；公元前3世纪的希腊化时期的埃及，建成了著名的“亚历山大图书馆”，它的藏书极为丰富，是当时希腊化时期诸国里最大的图书馆。在古代中国，约公元前1400年，殷商时期就产生了甲骨文字，10世纪左右的周朝就有了正式的、有文献记载的图书馆——藏室。在我国的春秋时期，官、私藏书都已出现，称之为“盟府”或“故府”，而且有史官掌管，这便是我国图书馆历史长河中的源头。有资料记载道教创始人老子是我国有史以来的第一任国家图书馆馆长。不管是中国还是外国，古代图书馆的特征都是以藏书为主，所以人们习惯称之为“藏书楼”。“藏书楼”是我国古代官方收藏图书的机构、民间团体和私人收藏图书文献的建筑物，同时也是藏书的主人和学者、读书人研读、迻录、考订、校雠图书的场所。它的主要职能是收集、整理、保管文献。藏书楼所收藏的文献基本不对外开放，只供极少数人使用。那时图书馆对社会大众是封闭的，但它保存了丰富的文献典籍，成为中华古代文明的重要载体，在传承民族文化方面功不可没，这是藏书楼在保护我国古代文化遗产的功绩所在。藏书楼是近代图书馆的前身，在2000多年的发展过程中，它是一种保存文化典籍性质的机构。

我国古代藏书楼有其鲜明的特点：①由于知识载体的变化和记录技术的进步，出现了人工载体，基本解决了同一文献的批量生产。②形成了各具特色的四大藏书体系：即官府藏书（如著名的七阁：北京故宫内的文渊阁、北京圆明园内的文源阁、承德避暑山庄内的文津阁、辽宁沈阳故宫内的文溯阁、浙江西湖行宫内的文澜阁、江苏江都文汇阁、镇江金山寺文宗阁）；书院藏书（如著名的四大书院：白鹿洞书院、岳麓书院、应天书院和嵩阳书院等）；私人藏书（如汲古阁、天一阁、澹生堂等）；寺观藏书。③藏书楼工作以收藏、整理为主，只藏不用或很少使用。

藏书楼注重保存文化典籍，在一定程度上传播文化、传播知识、传播学术，在推动社会的发展的同时使得大批古籍得以流传至今。

2. 近代图书馆

近代图书馆发端于18世纪工业革命、城市的出现和公共图书馆的产生。随着欧洲工业革命和工业城市的出现，为近代图书馆的出现奠定了基础。近代工业革命，以科学技术发展为前提，科技的发展也成为图书馆发展的根本推动力。各国的经济发展水平和文化水平直接影响着本国图书馆的发展，经济实力是图书馆存在和发展的物质基础，文化水平是图书馆存在和发展的精神动力。欧洲图书馆进入了一个新的发展阶段，普遍建立起来的公共图书馆在发展的道路上已达到成熟的阶段，此时，社会政治、经济、科学、文化得到了迅速发展，为图书馆事业的发展开辟了广阔的前景。我国近代图书馆兴起于19世纪末叶，改良维新派人士首先倡导公共藏书楼的开设，1896年李端素上书，请求在京师及省会设立大书楼（图书馆），1898年维新派梁启超等创设学会藏书楼，作为学会活动和会员研习西方政治学说的场所。各地成立的学会附设藏书楼，它们有明确的办理宗旨，有藏书和借阅制度，各种阅览活动吸引了大批读者，这些藏书楼已具有公共图书馆的性质。20世纪初，中国近代图书馆从藏书楼嬗变中诞生，其中三所图书馆功不可没：

绍兴乡绅徐树兰创办的古越藏书楼，向社会公众开放，使它具有了近代公共图书馆性质。因此，古越藏书楼的开放标志着我国第一所公共图书馆诞生。古越藏书楼的诞生，是中国图书馆史上的一次重大文化创新，不仅对中国近代图书馆事业具有开创意义，而且对中国近代教育，特别是社会教育事业也产生了积极的影响，是中国图书馆事业史上从封闭的封建藏书楼向近代公共图书馆过渡的一次重大文化创新。

京师大学堂藏书楼的建成，具备现代图书馆服务模式的大学图书馆的出现，对近代图书馆的诞生显得更为重要。

韦棣华在武昌文华学校筹备阅览室，开展图书宣传活动，扩大馆舍，改名文华公书林，管理上吸收了西方近代图书馆的先进模式。

近代图书馆的特点是：①图书馆从私有化发展为社会化，由封闭转向开放。②由单纯的保管转向利用。③由简单的整理藏书扩展为采访、处理、存贮、传递、利用的复杂工作体系。此时的图书馆开始成为人民社会生活的有力组织者，肩负起了文献和知识交流的重任。

3. 现代图书馆

现代图书馆是指实现自动化管理后相对传统图书馆而言的图书馆概念。第二次世界大战之后，随着科学技术的发展，尤其是电子计算机在图书馆的应用，使图书馆发生了巨大的变化。

现代图书馆的特点是：①现代图书馆是知识、信息存贮、传播和交流中心。②馆藏信息资源多元化：电子资源与印刷资源并存。③电子计算机技术、现代通信技术、网络技术在图书馆广泛应用，取代了传统图书馆的以手工为主的管理、服务方式，达到了管理自动化、文献数字化、传递网络化。④服务方式由实体服务和虚拟服务互补，即实物借阅与网络信息资源服务，服务个性化。

国内许多学者认为：现代图书馆学的模式是复合图书馆。复合图书馆是传统图书馆与数字图书馆的并存形式，也是从传统图书馆到数字图书馆的一个过渡阶段。在复合图书馆中，信息资源、信息载体、技术方法、服务规范、服务对象、服务手段、服务设施、服务产品等都是复合的，即传统与现代并存。复合图书馆是当前图书馆的主体形态。英国图书馆学家苏顿（S. Suton）率先提出了“复合图书馆”（hybrid library）概念，认为从传统图书馆到数字图书馆的连续变化中存在四种图书馆形态，即传统图书馆、自动化图书馆、复合图书馆和数字图书馆。他认为在复合图书馆阶段，可以实现传统馆藏与数字馆藏的并存，但两者的平衡越来越倚重数字型，因为用户可以通过图书馆的服务器或网络自由访问跨地域的分布式数字化信息资源。有“复合图书馆之父”之称的“英国电子图书馆计划”（UK Electronic Library Programme）主任鲁斯布里奇（Chris Rusbridge）对复合图书馆进行了描述，他认为，复合图书馆就是要在一个现实的图书馆中，集合一系列不同的技术，并探索在电子与印刷资源并存的双重环境下进行系统与服务的整合。复合图书馆应采用数字图书馆的各种技术，跨越不同载体，实现对信息资源存取的集成化。

在未来相当长的一段时期内，复合图书馆将是现实图书馆的主体形态，伴随着社会发展的步伐前进。原因之一是无纸社会的到来要经历相当漫长的一段时间，在网络载体迅速发展的情况下，传统的纸介质载体仍有自己的生存和发展空间。原因之二是要实现真正意义上的数字图书馆，将要经过一个相当长的过程。在这段时期内，印刷型文献将和数字型资源共存并进，图书馆将是传统图书馆和数字图书馆有机结合的复合体，是在多种信息资源并存的背景下，为广大用户提供印刷型文献和电子文献、缩微资料、多媒体视听资源、网上信息资源的集成化检索和服务，实体服务和虚拟服务将长期共存互补和融合发展。原因之三是非技术因素正在严重制约数字图书馆的进程，如经费问题、版权问题、安全性问题、效益问题、用户习惯问题等等。原因之四是数字图书馆在国家间、地区间乃至系统间发展的不平衡，极少数图书馆可能会率先进入数字图书馆形态，全面开展数字化服务，而大多数图书馆在相当长的时期内，以复合图书馆为主体形态。

复合图书馆的功能：保存信息、传递信息、开发信息、网络导航及提供信息娱乐等。

复合图书馆的服务策略及特点：要将传统的参考服务与专业检索服务结合起来，将馆内服务与远程服务结合起来，将提供式服务与开发式服务结合起来。要保持传统的流通、阅览、参考服务，着重发展数字化的服务，尤其要开展网络化的参考咨询服务，这是复合图书馆服务的主题。复合图书馆的服务特点，即个性化服务和人工智能化服务。

我国目前公共图书馆、大学图书馆以及发展较好的中学图书馆，就是复合图书馆的运行模式。

4. 数字图书馆

未来图书馆就是数字图书馆，它是图书馆发展方向和趋势。“数字图书馆”在概念上存在多种解释，这从一个侧面证明了它是一个新生事物。“数字图书馆”一词，源于1993年由美国国家科学基金会（NSF）、美国国防部尖端研究项目机构（DARPA）、国家航空与太空总署（NASA）联合发起的数字图书馆创始工程（Digital Library Initiative）。以后“数字图书馆”一词迅速被全球计算机界、图书馆界及其他相关领域所使用。关于“数字图书馆”一词，目前尚没有统一的定义，最典型的有以下一些说法：

美国联邦信息与应用项目所用的定义是：“数字图书馆是向用户群体提供便于查找利用庞大的、经过组织的信息和知识存储的手段的系统。”

国际“分散式知识工作环境”会议指出：“数字图书馆的概念并不仅仅是一个有着信息管理工具的数字收藏的等价词，它更是一个环境。它将收藏、服务和个人带到一起以支持数据、信息乃至知识的全部流程，包括从创造、传播、使用到保存的全过程。”

大英数字图书馆计划的定义是：“数字图书馆是通过使用数字化技术获取、存储、保护和提供信息与提供信息查询途径而被广泛认可的虚拟描述，而不论这些信息的当初形式如何。”

美国数字图书馆联合会将数字图书馆表述为：“数字图书馆是提供各种资源的组织结构，它们选择、创建、提供知识查询途径，解释、传播和保护数字作品馆藏，以确保其能长久使用，从而为社区群体提供方便而经济的信息服务。”

数字图书馆是现代高新科学技术和文献知识信息以及传统历史文化完美结合的体现。它改变了传统图书馆的静态书本式文献服务特征，实现了多媒体存取、远程网络传输、智能化检索、跨库无缝链接、创造出超时空信息服务的新境界。它运用先进成熟的数字技术和网络技术，采取统一的界面、统一的软件、统一的管理，实现远程、快速、全面、有序、智能、特色六大服务。

数字图书馆与传统图书馆相比具有以下特点：①高效的计算机管理。利用计算机来管理各种数字化的文献信息资源。②先进的数字化信息技术在图书馆广泛应用，使馆藏资源数字化。③信息存储和利用的网络化。④用户为主的服务模式。

四、图书馆类型

图书馆事业在发展进程中，由于其各自的特点和所担负的任务不同，而出现了各种类型的图书馆。对于图书馆类型的划分，国际标准化组织（ISO）和国际图书馆协会联合会（IFLA）颁布了“ISO2789”国际图书馆统计标准”。在这个标准中，专门有“图书馆的分类”一章，把图书馆区分为：国家图书馆、高等院校图书馆、其他主要的非专门图书馆、学校图书馆、专门图书馆和公共图书馆六大类型。这一国际标准虽得到一些国家的认可，但也遭到一些国家的反对，由于我国当时未加入国际化标准化组织，没有按这一标准来划分我国的图书馆类型。在我国通常划分图书馆类型的标准有以下三种：

第一种标准：按图书馆的隶属关系划分。如文化系统图书馆：文化部和各级文化主管部门领导的公共图书馆；教育系统图书馆：教育部和各级教育主管部门领导的大、中图书馆；科学研究系统图书馆：包括中国科学院、中国社会科学院、中国农业科学院、中国医学科学院和其他专业科学研究机构所领导的图书馆；工会系统图书馆：包括全国总工会及各地工会领导的图书馆；共青团系统图书馆：包括各级共青团组织领导的青年宫、少年宫等；军事系统图书馆：包括军事领导机关图书馆、军事院校图书馆、军事科学图书馆和部队基层图书馆。

第二种标准：按馆藏文献范围划分。如综合性图书馆，包括各级公共图书馆、综合性大学图书馆、工会图书馆等；专业性图书馆，包括专业科学研究机构、专业院校及专业厂矿技术图书馆（室）等。

第三种标准：按用户群划分。如儿童图书馆、盲人图书馆、少数民族图书馆等。

我国的图书馆类型有：国家图书馆、公共图书馆、学校图书馆、科学图书馆、专业图书馆、技术图书馆、工会图书馆、军事图书馆、儿童图书馆、盲人图书馆、少数民族图书馆等。

其中公共图书馆、高等院校图书馆和科学图书馆是我国图书馆事业的三大支柱，称为三大系统图书馆。

（一）国家图书馆

1. 国家图书馆的概念

国际标准化组织给国家图书馆下的定义：“凡是按照法律或其他安排，负责搜集和保管国内出版的所有重要出版物的副本，并且起贮藏图书馆的作用，不管其名称如何，都是国家图书馆。”国家图书馆担负国家总书库的职能，是一个国家图书馆事业的核心，它代表了一个国家图书馆事业的发展水平。

2. 国家图书馆的职能

①完整、系统地搜集和保管本国的文献，从而成为国家总书库。②为研究和教学有重点地采选外国出版物，使其拥有一个丰富的外文馆藏。③开展科学信息工作，为科学研究服务。④编印国家书目，发行统一编目卡片，编制回溯性书目和联合目录，利用网络进行远程合作编目，发挥国家书目中心作用。⑤负责组织图书馆现代技术设备的研究、试验、应用和推广工作，开展图书馆信息网络的设计、组织和协调工作，在推动图书馆实现现代化中起枢纽的作用。⑥为图书馆学搜集、编译和提供国内外信息资料，组织学术讨论，推动全国图书馆学研究的发展。⑦代表本国图书馆界和广大图书馆用户，参加国际图书馆组织；执行国家对外文化协定中有关开展国际书刊交换和国际互借工作的规定；开展与国际图书馆界的合作与交流。

世界五大国家图书馆：美国国会图书馆、俄罗斯国立图书馆、英国国家图书馆、法国国家图书馆、中国国家图书馆。

（二）公共图书馆

1. 公共图书馆的概念

国际标准化组织给公共图书馆的定义：“那些免费或只收少量费用为一个团体或区域的公众服务的图书馆，它们可以为一般群众服务，或为专门类别的用户，例如儿童、军人、医院患者、囚犯、工人和雇员等服务。”国际图联将公共图书馆的社会职能概括为四条：①保存人类文化遗产；②开展社会教育；③传递科学信息；④开发智力资源。

公共图书馆是由国家中央或地方政府管理、资助和支持的，免费为社会公众服务的图书馆。我国的公共图书馆主要指由国家和群众举办，为大众服务，按行政区划设置并受政府各级文化部门领导的图书馆，包括国家图书馆，省（自治区、直辖市）图书馆，地区、市、州、盟等行政区图书馆，县（区）图书馆，乡镇图书馆，街道图书馆，少年儿童图书馆等。

2. 公共图书馆的性质与特点

联合国教科文组织在《公共图书馆宣言》中指出：“公共图书馆是地方的信息中心。”“公共图书馆作为地方的知识门户，提供个人及社会团体终生学习、独立决策和文化发展的基本条件。”“公共图书馆对于教育、文化和信息是一种有生力量，并且是一个通过人们的智慧培养和普及精神文明的重要部门。”其基本特征：①向所有居民开放；②经费来源于地方行政机构的税收；③其设立和经营必须有法律依据。我国各级公共图书馆担负着为科学研究服务和为大众服务的双重任务，在促进国家经济、科学、文化、教育事业的发展，提高全民族科学文化水平方面起着重要的作用。

中国三大公共图书馆：中国国家图书馆、上海图书馆、南京图书馆。

（三）高等学校图书馆

1. 高等学校图书馆的概念

国际标准化组织给高等学校图书馆的定义：“主要服务于大学和其他第三级教学单位的学生和教师的图书馆。它们也可能向公众开放。”高等学校图书馆是学校的文献资料信息中心。文献资料信息工作是高等学校教学、科研工作的基本条件之一。国外把现代化的高等学校图书馆视为现代化大学的三大标志之一。高等学校图书馆是我国图书馆事业中的一个重要类型，它不同于一般的学校图书馆。在国外，通常把中学图书馆划归学校图书馆，而高等学校图书馆则属于科学或研究图书馆。

2. 高等学校图书馆的性质与特点

高等学校图书馆是为教学和科学研究服务的学术性机构，学术性和服务性是它的基本的特征。学校要培养出高质量的适应现代化要求的合格人才、研制高水平的科研成果，必须要有高质量的文献资料信息工作做保证。因此高等学校图书馆的工作与学校的教学和科研有着至关重要的联系，它是教学、科研的有机组成部分，是办好高等学校的基本条件之一。在学校培养人才的过程中，担负着重要的职能：思想品质教育的职能；专业教育的职能；全面素质教育的职能；信息教育的职能等。

高等学校图书馆服务对象是教师和学生，由于受到学校专业设置以及教学内容、教学计划的影响，读者在对馆藏需求上表现出两大特点：一是对文献资料需要的稳定性，二是用书需求在时间和品种上的集中性。

我国重点大学图书馆：我国有很多历史悠久、文化底蕴深厚、馆藏丰富的重点大学图书馆，这些学校的图书馆都是全国或地区中心图书馆的成员馆，如北京大学、清华大学、中国人民大学、复旦大学、上海交通大学、中山大学、北京师范大学、西安交通大学、南京大学等大学图书馆。

第二节　中学图书馆工作

一、中学图书馆的发展

（一）什么是中学图书馆

中学图书馆亦称学校图书馆，在有些国家称为“学校媒体中心”或“学校图书馆电教中心”。教育部在《中学图书馆（室）规程》中，将中学图书馆定义为：“由政府、企事业单位、社会团体、其他社会组织及公民个人依法举办的全日制中学图书馆”。它的宗旨是：为教师教学、学生学习、提高教育质量和培养人才服务。

（二）我国中学图书馆的发展历史

我国中学图书馆的发展是与中学的发展紧密相连的。1949年以前，我国的基础教育十分薄弱，教育发展程度最高的1946年，中学4266所。1949年中华人民共和国成立后，中央和地方各级政府非常重视发展基础教育，投入大量的人力和财力普及教育。到1966年，中学在数量上有了较大幅度的增加，普通中学增加到55010所，中学图书馆（室）的数量也有所增加，大中城市的重点中学大都建立了独立的图书馆（室），藏书量有了一定的增长。1981年5月文化部、教育部、团中央联合召开了“全国少年儿童图书馆工作座谈会”，会后，国务院转发了文化部、教育部、团中央给国务院的《关于全国少年儿童图书馆工作座谈会的情况报告》。报告中提出：“各地要加强领导，从当地情况出发做出规划，分批分期进行中学图书馆（室）的恢复和建设。建议各地在分配普通教育经费时，应按学生（或班级）数目，安排一定数量的图书购置费。”会后，教育部又转发了《天津市中学图书馆（室）暂行工作条例》，这是新中国成立后经教育部批准转发的第一个中学图书馆（室）工作的章程性文件。这个文件给中学图书馆的发展，指明了方向，之后各省、市相继制定了有关中学图书馆工作的条例。1981年12月上海市教育局在大同中学召开全市中学图书馆工作现场会。1982年2月，上海市教育局下发《关于整顿、加强中学图书馆工作的意见》。经过20世纪80年代初的整顿，全国中学图书馆基本走上了正轨，步入了健康发展的道路。1985年中共中央发布的《关于教育体制改革的决定》中提出了“实行基础教育由地方负责，分级管理的原则”，从而极大地调动了地方各级政府的积极性，尤其是县、乡两级政府办学的积极性。1986年全国人民代表大会颁布《中华人民共和国义务教育法》，使中国的基础教育走上了法制的轨道。1989年初，国家教委召开了“全国中学图书馆工作会议”，国家教委副主任柳斌在会上做了重要讲话。这是新中国成立以来第一次召开的全国性中学图书馆工作会议。上海等一些省、市教育主管部门召开中学图书馆工作会议，传达会议精神，制定落实措施。一些省、市教育行政主管部门制订了加强中学图书馆工作的规定。

20世纪80年代是我国中学教育大发展时期，为适应教育、教学和教学研究的需要，许多中学建立了图书馆（室），特别是城市中学图书馆已有了一定的规模。1991年8月国家教委颁布《中学图书馆（室）规程》，对中学图书馆（室）的性质、地位、作用、规模、办馆标准等都做了明确的规定。这表明国家对中学图书馆事业的重视，使中学图书馆的发展有法可依，有章可循。随后各省、市、自治区教育主管部门都纷纷下发文件，要求贯彻执行《中学图书馆（室）规程》，以加强中学图书馆建设。

1993年中共中央、国务院发布《中国教育改革和发展纲要》，明确了到20世纪末中国基础教育的发展方向和基本方针。1999年初国务院批转了教育部制定的《面向21世纪教育振兴行动计划》，这一计划是教育战线落实“科教兴国”伟大战略的具体举措，是在落实《中华人民共和国教育法》及《中国教育改革和发展纲要》基础上提出的跨世纪教育改革和发展的蓝图。同年6月，中共中央、国务院发布了《关于深化教育改革，全面推进素质教育的决定》，为构建21世纪充满生机活力的具有中国特色的社会主义教育体系指明了方向。20世纪90年代是中学教育事业发展的黄金时期，也是中学图书馆步入自动化的发展时期。随着沿海地区中学图书馆（室）建设和管理工作逐步走上标准化、规范化、科学化后，现代化和信息化的步伐加快，城市中学图书馆基本实现了自动化管理。这一时期中学图书馆无论是办馆条件还是服务水准都有了极大提高。

进入21世纪，我国的教育事业迈入了新的发展时期，中学图书馆也迎来了新的发展机遇。随着信息技术和网络技术的不断发展和运用，为了适应基础教育课程改革的深入，教育部对《中学图书馆（室）规程》（以下简称《规程》）进行了修订，使其更加适合当前的教育改革，更加具有指导性。《规程》强调了各级教育行政部门对中学图书馆事业的重视，将中学图书馆信息化建设作为教育信息化建设的一项重要工作。几年来，在《规程》的促进、指导下，我国的中学图书馆事业发展很快，尤其在沿海和经济发展较好的城市和地区，出现了一批馆舍条件和管理模式先进的中学图书馆。

（三）我国中学图书馆发展成就

第一，建立健全管理机构，理顺关系，制定和颁布了一系列规程、规定、细则、条例、标准等，保证了中学图书馆事业健康发展。

国家教委成立条件装备司，该司下设有图情处，主要负责大、中、小学图书情报工作。不久，又成立了中学图书馆工作委员会（简称中学图工委），中学图书馆事业第一次有了自己的主管部门。此后，全国各地相继建立健全了中学图书馆的主管部门、装备部门、图工委和相关学会、协会等组织，改变了几十年来无人管的状态，实现了统一管理、统一规划、统一协调。

为了适应教育改革，全面推进素质教育，教育部又重新修订颁布了《规程》。《规程》规定中学图书馆（室）直属于校长领导，实行馆长负责制，理顺了关系，加强了领导。明确了中学图书馆在学校的性质和地位："图书馆是中学校的书刊资料信息中心，是为学校教育、教学和教育研究服务的机构。"之后，各级主管部门相继做出规定，强调中学图书馆在重点学校和示范学校评估验收中的重要地位，调动了广大中学图书馆工作人员的工作积极性，有力地推动了中学图书馆的建设发展，促进了中学教育教学改革和科研工作。

第二，提高了建馆率，扩大了馆舍面积，改善了办馆条件。

1966年以前，我国中学图书馆建馆比例很小，只有一些老校、重要的学校和少数中心校建有图书馆（室）或图书角，馆舍条件很差，大部分没有独立的馆舍。1990年以后，全国许多中学新建了图书馆，中学建馆率已达60%以上，有部分学校建立了独立的馆舍，中学图书馆建馆率不断提高，面积扩大，办馆条件也在逐步改善。

第三，图书馆数量迅速增加。

目前，在中学中，重点中学、高级中学和完全中学100%建立了图书馆（室），70%左右的初级中学建立了图书馆（室）。

第四，藏书观念逐步改变，藏书量不断增加，藏书质量不断提高，藏书结构逐步完善。

1980年以前，全国中学生均藏书不足1册。1990年后，国家加大了投入，各级政府规定学校教育经费中图书经费要占一定比例，同时通过社会捐助、世界银行贷款、在扶贫中设立图书资料项目款等方式，增加对中学图书馆的经费投入，使中学图书馆的藏书量有了较快的增长。

第五，思想观念更新，服务方式改变，从封闭走向开放，开展了多种多样的读者服务工作。

由于应试教育的影响，中学图书馆的封闭程度比任何类型的图书馆都严重，学生没有时间看书，图书馆开放的时间少，主要为教师开放，读者服务形式单一、被动，基本上是闭架借阅，几乎谈不上阅读指导和读者教育。国家陆续颁布、制定的《中华人民共和国教育法》《关于深化教育改革，全面推进素质教育的决定》《中国教育改革和发展纲要》《面向21世纪教育振兴行动计划》等法律、规定，推动了基础教育改革进一步深化，这对中学图书馆的工作也提出了要求。在我国图书馆事业飞速发展的大环境影响下，在课程改革和全面素质教育的推动下，学校教育由“应试教育”向“素质教育”转变，中学图书馆的思想理念和服务方式也受到了冲击和改变。图书馆工作发生了很大的变化：变被动为主动，深入教育教学；变等人来借书为主动宣传图书，送书上门，送信息上门；以广大学生为主要服务对象，延长开放时间，服务方式由闭架到半开架到开架，开展读者教育、开设阅读指导课等多种形式的读者服务工作。

第六，管理自动化。

20世纪90年代以来，中学图书馆计算机管理始于大中城市中学。经国家教委主管部门批准，《中学图书情报世界》编辑部在江苏省常州市召开的“全国中学图书馆（室）实行计算机管理研讨会”，我国中学图书馆（室）从此迈开了实现现代化的第一步。国家教委发布的《关于在中学实施“校校通”工程的通知》和《中学信息技术课程指导纲要》两个文件，为中学图书馆（室）实现现代化管理创造了有利的条件和契机。目前，重点中学、示范中学、高级中学和大部分城市的中学图书馆都实现了计算机管理，许多学校还建起了电子阅览室、音像阅览室。

第七，重视队伍建设，初步形成了能适应中学教育发展的专业队伍。

中学图书馆建设的发展、图书馆工作的开展，又促使了图书馆队伍建设的发展。过去图书馆被视为老弱病残收容所、转岗教师和教职工家属收容站，在岗人员的文化素质和专业素质不能适应中学教育的发展和图书馆的发展。目前，中学图书馆专业人员中虽然图书馆学专业的毕业生不多，但大多数都经过电大、函授、自考以及专业证书教育和短期培训。现在不少省市已规定所有中学图书馆工作人员必须经过专业培训，持证上岗，中学图书馆工作人员的文化素质和专业素质有了很大提高。

第八，学术研究欣欣向荣，推动和促进了中学图书馆（室）的发展。

国家教委条装司和全国中学图工委创办并公开发行了《中学图书情报世界》，这是中学图书馆事业发展史上的一件大事，中学图书馆第一次有了自己的园地，大大地促进了中学图书馆事业的信息交流和学术研究。近年来，中国图书馆学会和省、市、自治区成立的中学图书馆专业委员会，经常召开全国性和地方性的中学图书馆学术研讨会，为广大中学图书馆工作者提供了学习研究的机会。随着信息技术的发展，中学图书馆越来越重视对资源的共享，中学图书馆协作网的研究和读者工作、读者服务的研究，反映了中学图书馆图书情报工作与研究成绩突出，已经发展到了一个新的水平。

二、中学图书馆的性质与地位

（一）中学图书馆的性质

教育部印发的《中学图书馆（室）规程》（以下简称《规程》），在《规程》第一章“总则”第三条明确了中学图书馆的性质：“图书馆是中学校的书刊资料信息中心，是为学校教育、教学和教育科学研究服务的机构。”这一定性不同于中等专业学校图书馆的“为教育、教学、科研服务的教育机构”和普通高等院校图书馆“是为教学和科学研究服务的学术性机构”，它明确了中学图书馆的性质是“信息中心”和“服务机构”。中学图书馆作为学校的文献信息中心，就要根据不同年级、不同学科、不同读者，有目的、有计划、多渠道收集中学教育、教学和教育科学研究等方面文献信息资源，注重电子出版物和网络资源的收集、整理，供广大师生阅读和选用，面向师生服务的面越广，针对性越强，就越能发挥“信息中心”的作用。作为服务机构，图书馆就要围绕学校教育、教学和教育科学研究的发展和需要做好相应的服务工作。在服务方式上要由被动服务向主动服务转变，在服务对象上由重点为教师服务向为学生服务为主转变，在服务方式上要由单一的借阅型向借、阅、网一体化综合创新服务方面转变。作为中学图书馆的一名工作人员，肩负重任“服务机构”工作的好坏，办馆的效益如何，取决于图书馆工作人员的素质。中学图书馆工作者要熟悉掌握本馆的各种文献信息，并能对网络上的有关信息资源进行整序，加工提炼做成二、三次文献，供不同学科教师选择使用。服务要面向学生、面向实际，在学校各相关部门的配合下，认真开展并指导中学生的读书活动，采用生动活泼、内容丰富的组织形式，激发学生的学习热情，引导中学生从优秀书籍中汲取精神养料、丰富知识、陶冶情操、培养信息意识和利用图书馆的能力，使图书馆这个“服务机构”成为广大师生取之不尽、用之不竭的知识宝库和知识喷泉，从而有力地推动校园文化建设。

（二）中学图书馆的地位

联合国教科文组织发布的《中学图书馆宣言》中就指出：“中学图书馆是保证学校对青少年和儿童进行卓有成效的教育的一项必不可少的事业，一个出色的图书馆是保证学校取得教育成就的基本条件。”中学图书馆是学校文献信息中心的地位，决定了它在学校教育、教学和教育科学研究中的特殊地位。

1. 图书馆是学校办学的必备条件，是学校教育、教学活动的重要场所

图书馆作为学校办学的必备条件，是学校教育改革和发展的重要物质基础。中学图书馆建设一定程度上能够代表一个学校的整体办学水平。不少中学图书馆已成为学校标志性工程，成为学校的文献信息资源中心，成为师生求知和向往的地方，成为学校最亮丽的景观。不少地区的中学将建设具有一流条件、一流管理、一流服务水平的图书馆作为奋斗目标。许多省、市已建成了一批高标准、有特色的一级中学图书馆。许多中学建有独立的馆舍，一些示范中学图书馆的馆舍面积达3000～5000平方米，其藏书量和自动化程度都超过了当地区、县公共图书馆。示范学校图书馆，示范区、县学校图书馆已成为许多省、市教育行政主管部门的得力助手，有力地促进了中学图书馆规范化、科学化和现代化建设。中学图书馆为广大学生、教师读书创造更便利条件，用读书带动教育教学改革，积极营造“书香校园”实践证明：图书馆作为学校教育、教学活动的重要场所，不是可有可无，而是学校办学的必备条件。图书馆的办馆条件越好，就越能吸引广大师生。学生素质教育离不开图书馆，教师备课和从事教学研究活动也离不开图书馆。办不好图书馆，就不是一所好学校。

建设“学习型社会”，“形成全民学习、终身学习的学习型社会，促进人的全面发展”。读书是建设学习型社会的基础。我国著名教育家、苏州大学博士生导师、苏州市副市长朱永新教授在其倡导的“新教育实验”中，提出在中学营造“书香校园”的目标，指出：营造学校浓厚的书香氛围，注重发挥图书馆的功能，以丰富的活动促进教师和学生的自主阅读，让师生共同成为真正的读书人，为师生未来发展打好基础。主要内容：①结合校园文化建设，打造名副其实的书香校园；② 建设高质量的图书馆；③ 根据推荐书目指导师生开展读书活动；④ 鼓励老师创造性地进行阅读指导；⑤ 开展“师生共读”和“亲子共读”活动，创建书香班和书香家庭；⑥ 每年9月25日举办阅读节活动。因此，一些地方提出将“书香校园”作为中学图书馆的最终目标。中学图书馆的规模有大有小，条件也有好有差，但目标是一致的。一个人读书的黄金时间在中学，在中学营造读书的氛围是解决问题的根本。读书对学生来说是最自然的事情，从书中汲取阳光和水。图书馆要给读者创设一个回归自然、回归生活的阅读环境，吸引更多的读者在这格调高雅、宽敞、安静，富有浓烈文化气息的环境中阅读书刊，增进知识，塑造灵魂，久而久之，养成习惯，产生兴趣，受到教育。中学图书馆应成为学生最喜欢去的地方。

鉴于我国东西部地区、城乡之间经济、文化、教育发展的不平均性，东西部地区、城乡间中学发展水平不一，特别是农村中学一直是薄弱环节，所以，农村中学图书馆建设十分薄弱。为了改善农村中学的办学条件，各地教育行政主管部门为深入贯彻《中共中央国务院关于推进社会主义新农村建设的若干意见》的精神，结合教育部《中学图书馆（室）规程》的要求，采取有力措施，增加对农村中学图书馆的投入，切实加强农村中学图书馆设施建设。

2. 图书馆是培养21世纪具有创新精神和实践能力的一代新人条件保障

中学图书馆是学校德育的重要基地，它拥有丰富的德育信息资源。图书馆可以充分利用这一有利条件，一是为学校、教师开展德育提供教育素材，二是图书馆组织开展以德育为主题符合学生成长规律的活动，作为学校德育教育的补充。

图书馆是对学生进行人文素质教育的课堂，人文素质教育即提高人的素质、陶冶人文精神的教育，它以强调人性教育、完善人格为宗旨，是国民教育的基础，也是课程改革与时代的要求，图书馆责无旁贷。图书馆应利用大量、丰富的文献资源，配合课堂教学，开展有特色的人文教育活动，培养学生人文素质，造就全面发展的新世纪人才。

图书馆是青春期教育的课堂。图书馆可以针对学生的年龄特征和不同的生理、心理发展阶段，组织读书活动和阅读指导，对学生进行引导、教育，帮助学生解决在学习、生活中以及在生理、心理方面表现出的疑惑和问题，树立学生的自信心，培养积极向上的生活态度，塑造良好的心理素质，促进学生德、智、体、美全面和谐发展，推动学校素质教育。

3. 图书馆是为教育、教学、科研服务的机构，是学校工作的重要组成部分

中学图书馆工作是学校教育工作的重要组成部分，是为学校教育、教学和教育科学研究服务的机构，这就决定了它必须通过为学校教育、教学和教育科学研究服务，为广大师生提供精神食粮和智力支撑，才能体现其自身的价值。许多地区将中学图书馆建设与学校的教育科研联系起来，与教师的专业成长联系起来，与学生的全面和谐发展联系起来。师生的需要，就是图书馆建设的需要。

中学图书馆为课堂教学服务主要表现在：要主动贴近课改，延伸课堂。在学校图书馆建设过程中，要紧密配合新课改，开辟新课改专区，有针对性地购置大量与新课改有关的图书资料，积极鼓励和引导教师参与课改研究。同时，图书馆要为学生准备大量的阅读学习资料，引导学生课前准备资料，课后进行研究，从小就养成利用图书馆进行学习、研究的习惯。同时，中学图书馆要主动与学校教学配合，培养学生的信息素养。学校图书馆无论在信息资源上，还是在技术条件上，都具有培养学生信息素养的有利条件。利用馆藏资源对学生进行图书馆知识教育，利用电子阅览室和馆藏资源，开展信息教育，培养学生获得信息、整合信息、利用信息的能力。

中学图书馆为教学研究服务体现在：

第一，图书馆主动收集、整理、提供教学研究的文献信息，为“以校为本”的教育理念服务。

如今基础教育课程改革向纵深发展，我国千百万中学教师更新教育观念，改变教学方法，提升专业素质的历史重任，建立与新课程相适应的以校为本的教研制度，建立多元开放的教学研究机制，是当前学校发展和教师成长的现实要求和紧迫任务，是深化教学研究改革的方向和重点。“以校为本”全新的教育理念，是将教学研究的重心下移到学校，以课程实施过程中教师所面对的各种具体问题为对象，以教师为研究的主体，理论和专业人员共同参与。强调理论指导下的实践性研究，既注重解决实际问题，又注重经验的总结、理论的提升、规律的探索和教师的专业发展，是保证新课程实验向纵深发展的新的推进策略。在实验、推广新课程的过程中，有大量细致的业务工作需要由教研队伍来承担。为此，中学图书馆要主动配合，积极收集、整理、传递教学研究的信息。

第二，为学生提供研究性信息，指导学生学会学习，掌握科学的学习方法，养成良好的学习习惯。

学生从入小学到高中毕业，历时12年，其学习能力呈螺旋形上升增长状态，不同时期、不同个体存在极大的差异。如何在新形势下搞好学校教育和教学工作，教学研究起着重要作用。学习是一门研究人类学习行为规律的新兴综合学科，它包括生理学、心理学、教育学，还涉及经济学、哲学、美学、人才学、人类学、人体科学的规律。遵循科学规律，有针对性地采取科学的方法适时地进行学习指导是关键。对图书馆来说，要全方位、多角度地研究学生的生理、心理和年龄特征，循序渐进地指导学生学习，使学生养成良好的学习习惯，掌握先进的学习方法，树立“终身学习”理念。图书馆要在调查研究的基础上，加强对学生个性化的、全方位的阅读指导，使阅读成为学生的生活习惯、生活方式。

（三）中学图书馆的作用

1. 中学图书馆是素质教育的重要阵地，是校园文化建设的重要内容

在当前基础教育课程改革中，在推进素质教育的过程中，中学图书馆是素质教育的重要阵地。中共中央、国务院发布的《关于深化教育改革全面推进素质教育的决定》（以下简称《决定》），《决定》明确了今后一段时期内我国教育改革的方向，即全面推进素质教育。《决定》指出：实施素质教育的根本宗旨是全面贯彻党的教育方针，提高国民素质，重点是培养学生的创新精神和实践能力，造就适应21世纪现代化建设需要的社会主义新人。《决定》是中学图书馆工作的指南。

国务院发布的《中共中央国务院关于进一步加强和改进未成年人思想道德建设的若干意见》，中宣部、教育部深入贯彻党的精神，落实《中共中央国务院关于进一步加强和改进未成年人思想道德建设的若干意见》，大力开展弘扬和培育民族精神教育，结合中学实际，特制定《中学开展弘扬和培育民族精神教育实施纲要》。教育部在制订全国教育事业规划时，明确提出要以素质教育为主题，努力培养德、智、体、美全面发展的社会主义建设者和接班人。中央和教育部的一系列文件精神，进一步明确了中学图书馆工作的方针和重点，这是今后很长一段时间里的行动纲领。中学图书馆作为素质教育的基地，首先应成为德育教育的基地。教育部下发的《关于大力加强中学校园文化建设的通知》，《通知》要求：加强中学校园文化建设要贯彻党的教育方针，按照全面推进素质教育的要求，以中学生为主体，以社会主义荣辱观为导向，以建设优良的校风、教风、学风为核心，以优化、美化校园文化环境为重点，以丰富多彩、积极向上的校园文化活动为载体，形成厚重的校园文化积淀和清新的校园文明风尚，使学生在日常学习生活中接受先进文化的熏陶和文明风尚的感染，在良好的校园人文、自然环境中陶冶情操，促进他们的全面发展和健康成长。中学图书馆要加强德育基地建设，要切实落实德育的首要地位，研究中学图书馆在新形势下德育教育的有效途径，增强教育的针对性、实效性和吸引力、感染力，切实改进图书馆德育工作的方法和途径。要尊重学生的成长规律，掌握学生思想变化的特点，主动参与以基础教育课程改革为重点的素质教育实践，帮助中学生在实践中成长，在体验中成长，为学生全面发展创造条件。

全面贯彻党的教育方针，全面推进素质教育，注重全体学生素质的提高、个性的发展以及创新精神和实践能力的培养，为中学生终身学习和发展奠定良好的品行基础和知识基础。全面素质教育关系到广大青少年学生的健康成长，关系中华民族的整体素质，关系国家的前途和民族的命运。中学是基础教育阶段，对未成年人的心理、生理健康发展，以及价值观、道德观、人生观的形成至关重要。而现在中学生的思想品德、心理健康、行为习惯等方面表现出的问题较多。应试教育牺牲了德性，牺牲了健康心理，也牺牲了个性发展。由学业竞争所导致的过重心理压力，使很多学生思想、心理出现障碍、扭曲甚至变态；学生心理普遍较为脆弱，耐挫能力较差；缺少远大的理想与抱负，过分关注自我。一些学生能力发展片面和不足，解题能力、应试能力很高，其他方面的基本能力弱化和萎缩；

缺乏生活常识和生活自理能力；缺乏适应社会和环境的能力；缺乏与人相处的能力。社会实践能力和创新能力的培养现状值得忧虑。因此，作为中学图书馆工作者，服务育人是党和人民赋予我们的神圣职责，我们要将全面素质教育渗透到图书馆的工作中，促进学生的健康发展。

在很长一段时间里，中学图书馆要结合校园文化建设，针对中学生的特点，科学设计图书馆活动方案和内容，将社会主义荣辱观的内容融入书刊宣传、读书活动中。要与校园文化建设紧密结合，以社会主义荣辱观为导向，以建设优良的校风、教风、学风为核心，以优化、美化校园文化环境为重点，以丰富多彩、健康向上的校园文化活动为载体，推动形成厚重的校园文化积淀和清新的校园文明风尚，使学生在日常学习、生活中接受先进文化的熏陶和文明风尚的感染，在良好的校园人文、自然环境中陶冶情操，促进自我全面发展和健康成长。

2. 中学图书馆是培养学生创新精神和实践能力的第二课堂

要将图书馆建成中学生的第二课堂，有的学校甚至提出：从第二课堂走向第一课堂，例如不少中学图书馆已承担起阅读课和信息检索课的教学任务。中学图书馆要大力培养中学生的创新意识和实践能力，注重科普宣传，推荐和组织阅读科技书刊，提高学生的科学素质。许多学校结合阅读课，开展了有声有色的师生、亲子读书活动，把读与写结合起来，在图书馆内开辟展示区，展览师生读书成果，如读后感、读书笔记、发表作品、自办小报等，图书馆要让每个学生都能吸取丰富的知识营养，成为潜在的、延伸了的课堂，对促进学生健康成长起到了积极作用。一些学校还配合读书活动，依托图书馆，创办校园文学社团，办起师生、家长喜欢看的校报、校刊，在校园文化建设方面取得了明显效果。图书馆要在学生阅读过程中培养他们的能力，如检索、记笔记、使用工具书、上网查找资料、掌握阅读和写作的各种方法，使学生在读书中学到知识、找到乐趣、掌握本领；要主动服务于教育教学，走近课改，贴近课改，给师生提供更丰富的阅读材料和更多的自由阅读的时间，推进新课改取得更大进展；要精心组织开展内容丰富、形式多样的读书活动，突出主题，针对学生的实际情况，分年级分层次制订读书要求，使读书活动层次化、系列化、主题化、多样化。同时，正确引导学生通过读书活动，积极参与信息技术、科技制作等社会实践活动。只有广泛开展校内外读书与实践活动，才有利于中学图书与信息资源的扩大与优化，才有利于学校教育、家庭教育与社会教育相结合机制的良性循环，并抵制“黄、赌、毒”等社会不良因素对学生的危害，也有利于不断提高素质教育的水平。

培养学生的自主学习能力，这也是素质教育对新一代学生的要求。自主学习能力的重要培养途径之一是对图书馆的使用，真正发挥图书馆在学生学习中重要的工具价值。

3. 中学图书馆是配合新课改革，进行教育教学科研的给养基地

教师自身业务素质的提高离不开学校图书馆，教师备课和从事科学研究活动也离不开图书馆。实践证明，凡是在教学活动上成绩显著，业务素质能保持在较高水平上的教师，都是图书馆的常客。

图书馆利用自己庞大的教育教学资源库的优势，利用自己优美的环境和现代化的技术条件，为教研和教学提供优质服务。

① 图书馆是教师继续教育的基地，教师自身要不断学习新的教育理论，更新教育观念，优化知识结构，同时还要学习新的现代教育技术，掌握电化教学的技术和手段。图书馆作为一个为教育、教学、科研服务的机构，必然要为教师的继续教育提供必要的条件。② 图书馆是教研活动的最佳场所，一方面图书馆的环境能够调整教师的身心，创造良好的教学研究氛围；另一方面，图书馆的大量文献资料，可随时提供给教师进行教学研究和备课之用。这样既方便了教师的教学、科研，同时也使图书馆的服务更直接，更加有针对性。一些条件比较好的学校图书馆，在馆舍的布置上很重视环境的人性化，有的在阅览区域专门摆上沙发、圆桌等，为教师查找资料、研究探讨创造一种良好的氛围。③ 为教师改革教学方法、提高教学质量提供有利的条件。图书馆是语文、外语阅读课的最佳课堂。图书馆大量的声像资料，可以为中外文学名著欣赏、英语听说练习等课程提供服务。以外语阅读课为例，图书馆备有大量的外语资料，尤其是视听资料。教师可以利用这些资源，弥补英语教材本身篇幅有限的制约，拓展阅读范围，为学生提供更多更好的英语阅读教材，同时还可以利用电子阅览室的有利条件，把课堂搬到电子阅览室，指导学生集中阅读一篇文章，或者分别辅导学生阅读不同的文章。这样既可以提高学生的阅读兴趣，也可以增加阅读量，提高阅读课的质量。

4. 中学图书馆是领导管理决策的重要参谋

图书馆作为学校信息资源的中心，有责任为学校领导收集、提供当前国家有关教育改革、课程改革的最新信息和动态，反馈学校教育、教学、科研信息，当

好信息员和导航员，为领导决策当好参谋。

在图书馆的建设发展方面，图书馆也要做好领导决策的参谋。要根据当前图书馆事业的发展趋势和方向，向领导汇报发展设想和工作计划，对于重大的建设项目，图书馆要做好调研和论证，向领导提出建设性意见，供领导决策参考。如图书馆的馆舍布局、环境创设等，都要符合“以人为本”的管理理念，适应新的服务方式；在计算机管理系统的选择、工作人员的调配等方面，都需要图书馆的主动参与。

5. 是社区文化活动中心，为社区居民服务

《规程》规定：“各地要充分发挥图书馆的作用，鼓励图书馆对社会开放。”中学图书馆分布在城市社区，理应成为社区文化活动中心。教育部鼓励中学图书馆对社会开放，这无疑是中学图书馆的发展方向。在发达国家，中学图书馆除向学生家长开放外，还向所在社区开放。在我国西部地区，一些乡镇中学图书馆承担起乡镇图书馆的职能，向乡镇农民开放。中学图书馆向社会开放既有思想认识问题，也有一些实际问题。我们要积极响应，大胆探索和实践，最大限度发挥学校图书馆的效益。

图书馆本身就肩负着社会教育的职责，对社区开放，是履行它的教育职责，发挥它的社会价值的举措。中学图书馆对社会开放，是将它的教育阵地延伸，强化学校教育的一个方面。加强对未成年人的教育，不能光靠学校教育，社会教育、家庭教育也是很重要的。图书馆在这个过程中起着桥梁的作用，它联系着学校和社会、家庭和学校、学生和家长，这有利于学生的成长。图书馆可以利用自己的资源优势，举办科学知识讲座，宣传科学文化；举办法律讲座，宣传法律知识；举办家长学校，传授教育方法和教育理念；开展亲子活动，促进家长与孩子的交流；举办读书会、展览会、文体活动等。让家长了解学校、了解学生，同时通过开展活动，丰富了社区的生活。特别是在经济欠发达地区，学校的教育资源尤其显得重要，学校图书馆就是社区的文化信息中心，中学图书馆更要发挥它的社会教育的作用，促进农村精神文明建设。

我们应该认识到，在实际工作中，中学图书馆往往感到被忽略或不被重视。这并不奇怪，在应试教育向素质教育过渡的过程中，中学图书馆只有有“为”，才能有“位”。中学图书馆的重要性，它的地位、作用，是要通过每一个图书馆工作人员的工作和努力来体现的，也就是说，要树立先进的教育观念和服务理

念，在变“应试教育”为“素质教育”的过程中，要主动地参与、配合课程改革，变“被动服务”为“主动服务”，扩展服务功能和服务领域，培养学生六个能力：收集处理信息的能力；获取新知识的能力；分析和解决问题的能力；语言和文字表达的能力；团结合作和社会活动的能力。让中学图书馆真正成为课堂教学的延伸，成为学生成长的第二课堂。只有这样，中学图书馆的性质和地位才能显现出来，才能得到重视。

三、中学图书馆的职能

图书馆有五项基本职能：对社会文献信息流整序职能；传递文献信息的职能；开发智力资源，进行社会教育的职能；搜集和保存文献遗产的职能；文化欣赏休闲娱乐的职能。这是图书馆共性的职能，而中学图书馆由于它服务对象的年龄特征，以及学校所担负的教育、教学任务，在职能体现上更加具有自己的特点。

中学图书馆的职能主要是：采集文献信息资源、知识导航、社会教育、文化娱乐。

（一）采集文献信息资源

中学图书馆要贯彻党和国家的教育方针，根据学校的教育目标、课程设置、教学要求、科学研究以及学生的需求，广泛收集、整理、存储各种文献信息，重视馆藏实体建设和虚拟资源的建设，真正承担起全校文献信息中心的重任。

（二）知识导航

中学图书馆不仅承担传递文献信息的职能，更主要的是根据教师和学生读者要求，在传递信息的过程中起到知识导航的作用，开展有目的、有针对性的信息服务。

（三）社会教育

中学图书馆以学校的培养目标为宗旨，以活动为载体，将教育渗透到图书馆工作的各个环节，服务育人。如：图书馆开展的各项品德教育活动、智力教育活动、美育活动等，通过活动达到教育的目的。

（四）文化娱乐

利用图书馆的文献信息资源，利用图书馆的馆舍条件和设备，开展丰富多彩的活动，满足学生的兴趣、爱好，丰富学生的课余生活。

四、中学图书馆的任务

联合国教科文组织颁布的《全民教育中的中学图书馆——中学图书馆宣言》中指出："中学图书馆提供信息和理念，这些信息和理念，对于在今天这个建立在信息和知识基础上的社会中取得成功是十分必要的。中学图书馆使学生具有终身学习的技能，发展其想象能力，使之能够作为一个有责任感的公民生存于世。"

教育部颁布的《中学图书馆（室）规程》中指出："图书馆的基本任务：贯彻党和国家的教育方针，采集各类文献信息，为师生提供书刊资料、信息；利用书刊资料对学生进行政治思想品德、文化科学知识等方面的教育；指导学生课外阅读，开展文献检索与利用知识的教育活动；培养学生收集、整理资料，利用信息的能力和终身学习的能力；促进学生德、智、体、美等全面发展。"

第一，贯彻党和国家教育方针，采集各类文献信息，为师生提供书刊资料、信息。

贯彻落实党和国家的教育方针，首先体现在馆藏建设方面：一方面，图书馆要根据课程设置、教学要求采集信息，建立教育、教学、科研信息资源库；另一方面，图书馆要根据学校的教育目标和学生的需要以及他们的年龄特征，采集文献信息资料。

图书馆是新课程实施的重要课程资源，要按新课程标准建设、组织课程资源。《基础教育课程改革纲要》中倡导学校要"积极开发并合理利用校内外各种课程资源"，图书馆就是开发利用的主角，我们应该积极支持和配合课程改革，针对所开设的选修课、综合课，配备相应的文献资料，做好文献资源保障工作。

图书馆是教师教学、学生学习的知识导航站。图书馆应针对教师教育、教学、科研的需要和学生学习的需要，广泛搜集、整理各种信息，包括网络信息资源，把分散的课程资源：教师论文、优秀教案、课件等资料，收集起来，分类整理，编目处理，加工成二次文献、三次文献，提供给教师、学生，做好导航员、信息员，提高图书馆的服务质量和服务水平。

图书馆是研究性学习的重要场所，要为学生的研究性学习配备图书资料信息，为学生的自主学习创造良好的条件。

第二，利用书刊资料对学生进行政治思想品德、文化科学知识等方面的教育。

图书馆要积极贯彻落实《基础教育课程改革纲要》中提出的："加强德育工作的针对性、实效性和主动性，对学生进行爱国主义、集体主义和社会主义教育，加强中华民族优良传统、革命传统教育和国防教育，加强思想品质和道德教育，引导学生树立正确的世界观、人生观和价值观；要倡导科学精神、科学态度和科学方法，引导学生创新与实践。"图书馆要利用丰富的馆藏资源，为学校德育教育活动提供教育素材；为班主任建立主题班会资料库；联合团委、学生会开展读书活动，举办报告会、讲座，演讲、展览等多种形式的活动。通过活动达到教育的目的，提高学生的思想道德素质。

要充分发挥第二课堂的作用，图书馆要结合课堂教学，为学生提供大量的补充内容，以丰富和延伸课堂教学，促使学生消化和掌握所学的知识。

要重视对学生科学素质的培养，要注意营造热爱科学、学习科学的教育环境，激发学生学习科学文化的兴趣和热情。利用馆藏资源的优势，编制推荐书目，组织读书会，观看科普影像资料，举办橱窗展览、科学知识报告、知识竞赛、科学小制作等活动，调动学生学习科学知识的积极性，锻炼学生的动手能力，培养学生积极的探索精神和创造能力，全面提高学生的科学文化素质。

第三，指导学生课内外阅读，开展文献检索与利用知识的教育活动。

培养学生良好的阅读习惯，提高学生的阅读能力，是我们图书馆工作人员的一项重要任务。课外阅读是中学生课余自学形式之一。课外阅读不仅可以巩固和加深课堂所学的知识，而且对启迪思想、开发智力、陶冶情操、拓展知识、提高自学能力都是十分重要的。开展阅读指导，引导学生读书，教会学生正确的阅读方法，如向学生介绍摘录、剪辑等信息收集方法，指导学生写读书笔记，做资料卡片。

图书馆工作人员是学生阅读的引路人，要密切注意学生的阅读兴趣、阅读倾向，把握学生的阅读心理。配合学校开展的活动和课堂教学要求，结合学生的年龄特征，有选择、有目的地向学生推荐书籍，引导学生读书，以达到教育的目的。

对新入校的学生进行图书馆知识教育，组织新生参观图书馆，让学生认识、了解图书馆，学会使用工具书，教会学生利用图书馆获得知识。在阅读的过程中让学生体会和认识到图书馆是他终身的学习伙伴。

中学图书馆是学校的信息资源中心，必然要担负起对学生进行信息教育的职责。图书馆可以承担文献检索课。开设文献检索课的目的，就是让学生具有较强的情报、信息意识和主动获取新知识的技能，是培养学生独立吸收和运用信息能力、提高信息素养的重要途径。文献检索课是打开人类知识宝库的钥匙，掌握了文献检索方法，可以增强学生自主学习的信心，引导学生进入更加广阔的知识海洋。

第四，培养学生收集、整理资料，利用信息的能力和终身学习的能力。

研究性课程的设置，是在素质教育的总目标下，着眼于转变学习方式，提倡主动参与、亲身实践、独立思考、合作探究，发展学生的自主学习能力、获取新知识的能力。图书馆要主动参与、介入研究性学习。这就要求我们要以新的思维方式、新的服务理念，开展工作。研究性学习离不开图书馆的信息资源，离不开图书馆的服务。图书馆工作人员是研究性学习的知识导航员，我们要优化馆藏结构，使之适应研究性学习的需要，要以服务为主线，着力于馆藏资源的开发利用，针对研究课题，主动推荐馆藏资源信息，同时注意有针对性的二次文献、三次文献的开发与推荐。在为教师教学备课提供信息服务的同时，更要注重对学生的服务。首先，是引导学生根据课题，收集查找资料；其二，注意引导他们对获得的信息资料进行筛选、处理；其三，用获得的知识信息去完成研究的课题。在完成研究性学习的过程中，通过收集查找资料和研究、探索，培养学生对信息进行收集、筛选、整合，并加以利用的能力，提高学生分析问题和解决问题的能力，开发学生的创造能力，增强学生的信息素养。

信息素养是人们在当今网络化、信息化社会中生存和发展的基本素质之一。而这种素质不是天生的，是需要通过课内和课外的系统培养以及他们在长期利用信息资源的过程中逐步形成的。联合国教科文组织出版的《学会生存》一书中指出："未来的文盲，不再是不识字的人，而是没有学会怎样学习的人。"因此培养学习能力，具有终身学习的意识，对学生将来进入社会是非常重要的。学生获取知识和信息的途径一是课堂学习，二是课外学习。课外学习主要是利用图书馆，图书馆要给学生的不仅是知识，更重要的是学习的方法、学习的能力，给他们一把终身受用的科学的求知金钥匙。

第五，促进学生德、智、体、美等全面发展。

图书馆要重视对学生全面素质的培养，全面素质包含思想道德素质、科学素质、人文素质、身体心理素质等。图书馆利用它的资源优势，充分发挥它的教育功能，开展各种形式的活动，推进学校的全面素质教育，实现学生德、智、体、美等全面发展。

图书馆要重视人文素质教育，人文素质教育即提高人的素质、陶冶人文精神的教育。它以强调人性教育，完善人格为宗旨。对学生进行人文素质教育，是国民教育的基础，也是课程改革与时代的要求，图书馆责无旁贷。图书馆可以利用大量、丰富的文献资源，配合课堂教学，开展有特色的人文教育活动，培养学生人文素质，促进学生素质全面发展。

图书馆要开展青春期健康教育。中学学生正处在青少年生理、心理发展阶段。图书馆应针对学生的这一年龄特征，开展心理咨询、心理疏导活动，引导、教育、帮助学生解决在学习、生活中，在生理、心理方面表现出的疑惑和问题，树立学生的自信心，培养积极向上的生活态度，塑造良好的心理素质，促进学生人格的健全发展。

审美教育也是图书馆的教育内容之一。审美教育即教育者自觉提供、转化并建设具有审美意义的对象，使受教育者通过感知和理解产生愉悦的情感，在此过程中提高其欣赏美、表达美的能力，并使之积淀为高尚的审美理想与情操，从而完善其全面发展的人格素质。广义的审美教育是运用自然界、社会生活、物质产品与精神产品中一切美的形式给人们以耳濡目染、潜移默化的教育，以达到美化人们心灵、行为、语言、体态，提高人们道德与智慧的目的。美育功能在全面素质教育实践中是很重要的内容，图书馆可以根据学生的兴趣、爱好，组织文学社团、体育比赛、摄影活动、歌咏比赛、课本剧表演、网页制作、手工制作等形式多样的活动，培养学生发现美、欣赏美、创造美的能力，塑造健全的人格和高尚的审美情操。

五、中学图书馆事业建设

（一）中学图书馆事业建设的含义与原则

1. 中学图书馆事业建设的含义

中学图书馆事业是指全国或一个地区内中学图书馆密切组合构成的整体，只有当社会上的中学图书馆的数量、质量、规模、发展速度和组织形式发展为紧密结合的整体时，才构成中学图书馆事业。中学图书馆事业是我国图书馆事业的重要组成部分。

中学图书馆事业结构基本上是一元化的，属教育系统，由地区教育行政主管部门领导。少数民办或私立中学虽不直接属教育行政部门领导，但业务上仍由教育部门负责。中学图书馆一元化的管理，为中学图书馆的事业的整体建设带来了极为有利的条件。从中学的合理布局，到中学图书馆硬件和软件建设，教育部和各省、市、自治区教育主管部门可以制定统一标准，实行业务活动的统一化和规范化，也有利于文献的采购协作、协调和统一配置，有利于统一编目，有利于资源共享，有利于读书活动等大型活动的统一开展，有利于业务人员的培训，有利于检查和评估。

2. 中学图书馆事业建设的原则

中学图书馆事业是图书馆事业的重要组成部分，其事业建设与整个图书馆事业建设一样，受经济、教育发展水平的制约，有着共同的特征。但中学图书馆作为特殊类型的图书馆，事业建设有其个性特征。

（1）政府主导，统筹规划

我国中学教育事业是在各级政府的领导下发展的，政府主导主要表现在以下三个方面：

一是政策保证。教育部制订下发的《规程》是指导中学图书馆事业建设的纲领性、法规性文件。各省、市、自治区教育主管部门制订贯彻《规程》的实施细则和等级馆、示范馆的标准、评估标准等，是地方法规。这些全国性和地方性的法规，是中学图书馆事业建设的基本保障。

二是整体规划。中学图书馆的整体规划，包括整体布局、发展规划、资源整合、人才培养等。因为中学图书馆不是独立的法人机构，其规划是与中学的布局调整紧密相关的。近年来，我国各地按照高标准办好义务教育的要求，逐步实现学校布局更合理，教育结构更优化，学校用人机制更完善，经费使用更高效的目标，抓住乡镇大调整时机，进一步加大中学布局调整力度，整合教育资源，实施规模办学，提高教育教学质量和办学效益。中学布局的调整将极大地改善中学图书馆的办馆条件，有利于中学图书馆事业建设。在中学布局调整中，要根据《规程》中的“经济欠发达地区，要重视和加强乡镇中心图书馆建设，辐射周边学校，做好资源共享”实施。乡镇中心图书馆要由当地政府来规划。

三是协调地区中学图书馆之间的关系。一些地区为加强对本地区中学图书馆的领导与协调，成立了全省性或地区性的中学图书馆工作委员会。

（2）加强协作，协调发展

中学图书馆是随着中学教育事业的发展而发展的。在其发展进程中，事业建设相对滞后，一是覆盖面小，二是文献保障率低。这些对文献资源单薄的中学图书馆来说，迫切需要借助外力，地区间中学图书馆之间的协作协调就显得十分必要。中学图书馆之间的协作与协调，是中学教育发展的需要，也是中学图书馆事业建设自身发展的需要。

（3）联网合作，资源共享

在知识经济时代，社会文献信息资源高速发展，任何个体中学图书馆其文献资源的保障能力与服务能力都是十分有限的，只有充分利用中学信息化的有利条件，加强地区间中学图书馆的联网合作，才能真正实现资源共享。联网合作可依托校园网和局域网。

（二）中学图书馆协作与协调

1. 中学图书馆协作协调工作内容与范围

我国图书馆有识人士早就提出图书馆之间的协作协调，进而实现文献资源共享的目标。这既是科学、文化、教育发展的要求，也是图书馆事业发展的必然结果。20世纪80年代初，城市中学图书馆之间的协作组织相继出现，大都以市为主建立起中学图书馆协会，如江苏省的无锡、徐州、常州等市建立的中学图书馆协会，有的则在市教育学会中建立中学图书馆专业委员会或中学图书馆研究会，南京市中学图书馆专业委员会的前身就隶属南京市教育学会中学图书馆研究会。后因南京中学图书馆事业建设发展的需要，成立“南京市中学图书馆专业委员会”，由市教育局技术处负责同志任理事长。以城市区划为主，建立起来的中学图书馆网片协作组织活动频繁，协作效果显著。中国图书馆学会和一些省、市图书馆学会建立的中学图书馆专业委员会，虽说是学术性团体，但在一定程度上起到了协作协调作用。

中学图书馆协作协调工作有以下几方面的内容和范围：

（1）文献资源的协调

面对目前图书、报刊、电子读物出版发行品种繁多，数量巨大，价格不断上涨的现实，中学图书馆难以应付。一个中学图书馆全年购书经费，多则几十万元，少则几千元。中学图书馆如何在文献资源的开发与利用上探索创新之路，首先是在书刊采购上的分工协作，经济发达地区的中学图书馆要建立有特色的馆藏体系，经济欠发达地区要重视乡镇中心图书馆文献资源建设，协调与其他中学图书馆书刊采购的关系。其次是协调电子出版物、数据库的集中采购与共同使用的问题。

（2）业务工作的合作

中学图书馆业务工作包括采访、分类、编目、文献加工、自动化管理等一系列工作，技术性强，工作量大。各馆业务水平不一，在一个地区内开展业务工作的合作，大馆帮助小馆，业务力量强的馆帮助业务力量薄弱的馆，以求业务水平的提高，提升整个地区中学图书馆的管理水平。

（3）读者服务工作的协作

中学图书馆的读者服务工作协调主要是三个方面：一是馆际互借；二是地区性中学读者活动的协作；三是馆际之间读者服务工作的交流。

2. 中学图书馆协作网的建设

图书馆网是近代图书馆的产物，是现代图书馆的社会标志。它是社会化的一种组织形式。中学图书馆网通过馆际协作和业务辅导关系，使分散在各地区的中学图书馆紧密地组织起来，形成一个既有分工，又有协作的中学图书馆体系。这种协作网主要是业务上合作，目的是促进地区中学图书馆事业的发展，因此，通常称为中学图书馆事业网。改革开放以后，我国各地中学图书馆协作网纷纷建立，并成立了管理和协调机构，如中学图书馆工作委员会（有的地区称为中学图书情报工作委员会）、中学图书馆协会、中学图书馆专业委员会、中学图书馆研究会等。在中学图书馆协作网的建设中，各地公共图书馆通过其辅导关系发挥了组织作用。中学图书馆协作网，一般有统一的领导机构，大都属教育局的装备处（站）领导；有制度保障，都订有组织章程、活动计划；有活动内容等。

随着中学图书馆信息化和现代化的发展，中学图书馆计算机协作网应运而生，利用网络进行协作协调。本教材在第六章对中学图书馆协作网有专门论述。

中学图书馆协作网建设主要是在本系统内，其作用有以下几点：

第一，增强中学图书馆的服务能力。采用集中编目和联合编目的形式，将各馆的一部分具有共性的图书统一分类编目。由于中学的教育目标、培养方向、教学大纲是一致的，教材和教学进度是一致的，教育、教学、科研以及学生用书也都是相同的，因此同一性是各个中学图书馆馆藏建设的特点。实际上目前很多市县在配备图书上都采用统一配备和个别采购结合的方式。对于统一配备的图书，就可以由技装部门组织协调集中采购、加工、分类编目，统一配发。这样各个学校图书馆就可以相应地减轻采编的工作量，将主要的工作精力和人员投入到读者工作和读者服务上，开展各种读者咨询、读书活动、阅读指导和各种教育活动，切切实实地为教育、教学、科研服务，为学生服务，提升服务质量和服务水平。

第二，提高文献信息的利用率。教育主管部门和中学图书馆工作委员会，通过中学图书馆协作网，加强对各馆的领导和协作协调，在书刊采购、藏书建设上进行分工协作，建立本系统有特色的中学图书馆馆藏体系，促进馆际互借、虚拟信息资源库的建立和利用，实现资源共享。另一方面，各馆在馆藏资源利用上，配合教育、教学、读者工作，做更深层次的开发利用，提高文献资源的利用率，如为教学科研提供二次文献、三次文献，为学生的研究性学习做知识导航等。

第三，促进管理的规范化、标准化。中学图书馆一元化的管理加强和促进了对各个中学图书馆的管理和指导，教育主管部门制定的统一标准使各中学图书馆的工作更加规范和科学，促进各馆的建设和发展。

第四，有利于业务工作的交流和服务水平的提高。中学图书馆协作网的建立加强了馆际之间的交流合作，给中学图书馆开展读者活动，工作经验的总结、交流，工作人员的业务培训等，提供了一个大平台，为提升整个地区中学图书馆的管理水平和业务水平起到了很大的推动作用。

六、中学图书馆队伍建设

在图书馆组成要素中，“人”是最关键的。中学图书馆宽敞的馆舍、在一定历史条件下的馆藏、先进的设备、现代化技术、科学的管理、舒适的环境等都是办馆重要条件，但其中最关键的要素是人才，即培养一支较高素质的图书馆专业队伍。

联合国教科文组织发布的《中学图书馆宣言》中指出：“中学图书馆馆员应当是有专业资格的工作人员，他们负责中学图书馆的计划和管理，他们应有尽可能充足的工作人员的支持，与整个学校的其他成员共同工作，与公共图书馆和其他机构建立联系。”教育部颁布实施的《中学图书馆（室）规程》中：“图书馆负责人要具有图书馆专业知识。中学图书馆工作人员应具备大专以上文化程度，图书馆工作人员应具备中专以上文化程度，并具有基本的图书馆专业技能和计算机操作技能。”从国际、国内有关中学图书馆条例规定来看，对中学图书馆工作人员有十分明确的要求。在目前我国中学图书馆队伍中，就学历而言，城市中学图书馆已达到教育部的要求，大学本科生占一定比例，其中有些是图书馆学专业毕业生，他们已成为图书馆的业务骨干。但不可否认，广大农村中学图书馆工作人员还达不到教育部的要求，老弱病残的多，照顾安置的多，不懂业务的多。

（一）中学图书馆工作人员应具备的基本素质

1. 政治思想素质

（1）有一定的政治理论知识

中学图书馆工作人员是教师的一员，是教育工作者，同时也是图书馆的一员，是先进文化的传播者，是教育者。教育者必须先受教育。中学图书馆工作者要有一定的政治理论水平，要用邓小平理论和“三个代表”重要思想武装头脑。要热爱共产党，热爱祖国，献身中学图书馆事业。这是中学图书馆工作者首要具备的基本素质。它能直接影响到能否贯彻执行上级指示，能否具有较高的政治敏锐性和洞察力，以及解决图书馆实际问题的能力。

（2）良好的职业道德修养和个人修养

良好的职业道德修养和个人修养是中学图书馆工作者非常重要的素质，它对于中学图书馆的正常运转和在学校中的影响有着重要作用。

热爱图书馆事业，爱岗、敬业和精业，全心全意为广大师生服务，这是对中学图书馆工作人员职业道德修养的基本要求。中学图书馆工作人员应该集教师与图书馆员的道德于一身，忠诚于教育事业和图书馆事业。只有这样才能树立事业心、责任感，才能在各项业务工作中表现出刻苦认真、探索创新、任劳任怨的精神，才能成为精神文明的传播者。

中国图书馆学会为了加强全国各系统图书馆的行业自律和图书馆工作人员职业道德建设，培养良好的思想道德素质，强化社会角色意识。正式发布的《中国图书馆员职业道德准则》（以下简称《准则》）。

《准则》是以中共中央颁布的《公民道德建设实施纲要》为指导，总结我国图书馆活动的实践经验，为履行图书馆承担的社会职责而制定的行业自律规范。

第一，确立职业观念，履行社会职责。

第二，适应时代需求，勇于开拓创新。

第三，真诚服务读者，文明热情便捷。

第四，维护读者权益，保守读者秘密。

第五，尊重知识产权，促进信息传播。

第六，爱护文献资源，规范职业行为。

第七，努力钻研业务，提高专业素养。

第八，发扬团队精神，树立职业形象。

第九，实践馆际合作，推进资源共享。

第十，拓展社会协作，共建社会文明。

2. 文化素质

文化素质是学好专业知识，掌握其他学科知识的重要条件，没有较高的文化素质，就没有能力掌握多学科知识，没有能力向读者传播科学文化知识。

文化素质包括三方面：一是文化水平。一般以学历为衡量标准。《规程》要求：中学图书馆工作人员应具备大专以上文化程度。这是最基本的要求。当然学历只是一个人文化素养的标识，不是唯一依据，它只是人的知识不断提高更新的基础，因此不可唯文凭，正确的态度应该是既讲文凭，又看水平，既讲学历，又看能力。二是知识面。知识是文化素质的基础。文化素质包括人文社会科学、自然科学、艺术、中外文化精华等方面的内容，是形成社会及人的价值取向的依据，是提升公民意识和社会责任感，塑造完善人格的基础，多学科广博的知识是创新能力的基础。历史上和现实中许多做出创造性贡献的科学家，大都知识渊博，爱好广泛。三是创新思维和创新能力。创新思维和创新能力必须要有广博的知识作基础。文化素养越高，文化品位与格调也就越高，知识面就宽。图书馆工作涉及多门学科，中学图书馆其服务的内容和范围包括知识的各个领域，与教育学、社会学、儿童心理学和生理学、卫生学、伦理学、美学等多学科有密切关系。这就要求中学图书馆工作者应有较为广博的知识，既懂得图书馆学，又掌握一定的文史知识和自然科学知识，还应懂得计算机知识等。

在信息社会，现代科技的发展，计算机应用的普及，以及电子读物、网上信息资源的大量涌现，要求中学图书馆工作人员必须具备一定的外语水平和计算机知识。不仅自己能熟练应用计算机和互联网，而且要指导中学生学会使用机读目录、上网浏览、发电子邮件咨询等技能。

3. 专业素质

专业素质包括：专业知识、相关学科知识以及专业能力。

（1）图书馆学专业知识

图书馆工作是一门学科业务很强的技术工作，从事这一工作的人必须具有一定的图书馆学专业知识。图书馆学基础理论知识和图书馆基本技能，是中学图书馆工作人员应具备的最基本的业务素质。即便在信息技术高度发展的今天，中学图书馆的基础工作仍无法用计算机替代，如文献采访、文献分类、文献保管与流通等，需要图书馆工作者掌握一定的图书馆学专业知识和技能创造性地工作。在中学图书馆实现信息化和现代化的过程中，先进的技术需要靠图书馆工作者去掌握和应用，其作用发挥如何取决于图书馆工作者的专业水平。

（2）相关学科知识

21世纪，学科间交叉渗透日益加剧，边缘学科发展很快，科学技术的综合趋势越来越明显。基础教育为适应素质教育的要求，加紧进行课程教材的改革，新的综合理科、综合文科课程将逐步形成，因此对中学图书馆工作人员的业务素质和知识结构提出了新的要求。

（3）专业能力

中学图书馆工作人员的专业能力包括：信息获取与开发的能力、读者教育的能力、组织读书活动和指导阅读的能力、知识导航的能力等。

教育部为提高中学教师教育技术应用能力，促进技术在教学中的有效应用和教师专业能力的发展，下发的《教育部关于印发〈中学教师教育技术能力标准〉的通知》，启动实施全国中学教师教育技术能力建设计划。实施中学教师教育技术能力建设计划，有利于规范教育技术能力的培训与要求，提高教师教育技术应用能力，促进信息技术与学科教学的有效整合，从而推进教育信息化，促进基础教育课程改革。中学图书馆工作人员也是教师的一员，提高图书馆工作者教育技术应用能力显得更为迫切、更为重要，从某种意义上讲图书馆工作者掌握教育技术能力的标准要高于一般教师。我们要紧紧抓住这一时机，大力提高中学图书馆工作人员的专业水平。

信息获取与开发能力，是现代图书馆对图书馆工作者的一项基本要求。信息获取能力主要是指对信息有目的的选择，通过多种途径获取、筛选信息的能力和存储信息的能力。信息的开发能力主要体现在对获取的有用信息进行浓缩和提炼的能力、对信息的深度开发和有效利用的能力。这种能力是中学图书馆工作人员在信息技术教育课中为人师者的极大优势，也是为师生提供最佳服务的必备条件。

读者教育能力，是培养读者的图书馆意识、信息意识，教育读者利用图书馆的读者工作能力。能力的培养比知识的传授更重要。

中学图书馆读者活动是靠图书馆工作者的有效组织，特别是读书活动和阅读指导更需要图书馆工作者的策划、组织实施和检查总结，才能取得预期的效果。

网络信息资源的无序化现象呼唤着图书馆工作者的参与和帮助。图书馆工作者一向以组织和整理信息著称，他们曾经有效地完成印刷型文献资源的组织和整理工作，当然也有能力完成对数字化资源的组织和整理的使命。中学图书馆是学校的文献信息中心，其中包括电子信息资源和网络信息资源，特别是电子信息资源在中学图书馆文献资源建设中已逐步占据了重要地位，并深刻影响着图书馆的馆藏体系结构。图书馆是否收集并提供电子信息资源的访问利用，成为衡量图书馆现代化水平的重要标志。中学图书馆工作者要成为电子信息资源和网络资源的导航员。

（二）中学图书馆馆长的素质要求

中学教育教学是一种创造性的工作，图书馆工作同样是一项创造性工作。中学图书馆馆长是管理者和决策者，馆长是搞好图书馆工作的关键，对一个馆的建设与发展有举足轻重的作用。馆长不仅应具备上述图书馆工作人员的素质，而且对其素质要求更高，这样才能适应新时期中学教育的改革，更好地为实施素质教育服务。

中学图书馆馆长必须有强烈的事业心，有理想，有与时俱进的创新观念，有敬业精神与奉献精神，勇于付出，不计报酬，不图回报，甘当无名英雄。

中学图书馆馆长应具有较强的科学管理能力、组织管理能力和较强的凝聚力。

领导是一门科学，具备一定的文化素质、知识修养是中学图书馆馆长不可或缺的条件。图书馆学是一门科学，图书馆工作业务性强，作为中学图书馆馆长，应该是一名“知识型领导者”，懂业务、懂管理；能团结一班人，带动一方，特别是懂得人性化管理，尊重人、关心人，善于调动人的积极性和创造力。

教育改革的深入和素质教育的实施，给中学图书馆带来了很大的改观和发展。各级教育主管部门的有力领导和有效管理，已形成了管理、装备、科研、培训一体化的工作网络，给中学图书馆发展带来了十分美好的前景，也给中学图书馆馆长提出了更高的要求。“创新精神”应成为中学图书馆馆长的基本素质。随着教育的信息化和现代化，新技术在中学图书馆的应用，馆长如何更好地发挥中学图书馆在素质教育中的“育人”作用？如何办好电子阅览室和网站，与社会上的网吧争夺青少年？如何在网络环境下开展读者活动?如何为教师的教学和科研提供个性化服务？这些都要求馆长要有开拓创新观念，一方面要虚心学习和借鉴兄弟学校图书馆的先进经验，另一方面如何从本校实际出发宣传好图书馆，让更多学生了解图书馆、利用图书馆。

七、中学图书馆工作人员的继续教育与终身学习

（一）中学图书馆工作人员继续教育的必要性

当今世界，科学技术迅猛发展，知识量剧增。新科学、新理论、新知识、新

技术像潮水般向人们涌来，传统的“最终教育”观念被“终身教育”观念所取代。越来越多的人认为，继续教育是解决人类自身发展与社会发展之间矛盾的重要手段和唯一出路。目前，世界上不少国家和地区，特别是发达国家，十分重视和大力发展继续教育。继续教育的迅速发展，已成为当今世界教育改革和发展的大潮流。

《中共中央关于教育体制改革的决定》指出：“开展大学后继续教育，对于提高专业技术人员、管理人员的素质，提高我国新技术、高技术发展水平和现代化管理水平，具有极其重要的作用。”国家教委等部门联合颁发的《关于开展大学后继续教育的暂行规定》，明确地把继续教育规定为成人教育的重要任务。我国颁布的《教育法》和《全国专业技术人员继续教育暂行规定》，对各行各业的专业技术人员的继续教育做了明确的规定。

社会主义现代化建设，科学技术是关键，基础在教育，而中学教育是基础的基础，是提高中华民族的素质和培养各级各类合格人才的奠基工程。加强对中学图书馆工作人员的继续教育，不断提高其政治、业务素质和管理水平，是中学图书馆面临的十分紧迫的战略任务。

1. 社会发展的需要

21世纪是一个以知识经济、信息技术为标志的高科技时代，一个国家、一个民族、一个地区经济的发展或财富的增长，将越来越主要取决于或依赖于知识生产的水平、知识进步的程度和知识创新的能力。“当今世界的竞争，归根到底，是综合国力的竞争。实质是知识总量、人才素质和科技实力的竞争。”如何培养适应时代发展的高素质创造性人才，是我国在世界竞争中能否取胜的关键。作为中学知识宝库、文化殿堂和信息中心的图书馆，要适应新世纪社会发展的需要，成为造就高素质创造性人才的“终身学校”，图书馆工作人员在图书馆服务体系中扮演着越来越重要的角色。

目前中学图书馆在自身的队伍建设问题上，存在诸多问题。如图书馆工作人员知识面窄，知识结构不合理，知识更新不及时，知识老化现象严重；很大一部分图书馆工作人员对在现代网络环境下图书馆面临的新形势认识不足，未能掌握电子信息资源和网络信息资源的存贮、检索和处理手段，不具备知识导航能力；少数人员文化水平较低，观念陈旧，缺乏主动服务意识等。因此，中学图书馆必须通过有组织、有计划、有针对性的继续教育，更新其观念，强化其竞争意识，才能使之不断更新专业知识，拓宽自身知识面，完善知识结构，掌握现代化检索技能，获得多种情报能力，胜任本职工作。

2. 推动中学图书馆事业发展的需要

随着计算机技术、网络技术在中学图书馆的普及与应用，中学图书馆正在向着自动化和数字化图书馆转化。中学图书馆的文献信息资源建设、工作程序、服务手段、管理方式、协作网的建设等都发生了重大变革。要继续推进中学图书馆的持续发展，必须用科学发展观指导中学图书馆建设，图书馆工作人员只有适应这种变革，才能推动事业的持续发展。师生的需求也在不断变化，学生需要图书馆提供丰富多彩的精神食粮，教师需要图书馆提供更深层次的文献信息服务、知识服务。现代图书馆对中学图书馆工作人员的素质提出了更高的要求。中学图书馆事业要发展，就必须给中学图书馆工作人员充电，使之能不断接受新知识、新技术，使他们的业务水平能适应形势的发展。

3. 工作人员自身发展的需要

图书馆工作要与时俱进，意味着图书馆工作人员的观念、思维模式和工作方法都得相应发生变革。随着现代科学技术在图书馆的广泛应用，教育事业的改革与发展，图书馆工作会不断遇到许多新的问题，对图书馆工作者的知识提出了更高更新的要求，要求补充和更新知识，提高管理水平。有人称知识经济时代图书馆工作者是知识领域中读者的导航员。导航就要将图书馆工作的重点从组织馆藏、被动服务，向信息提供和开放服务转移。图书馆工作者应具备搜集、分析、加工、综合信息的能力；应掌握使用现代信息技术的方法和技巧；应具有在网络环境下开展读者服务活动的技能。这一切归根到底，就要求图书馆工作人员必须继续学习，提高文化素质和专业水平，使自己成为复合型人才。

（二）继续教育的内容

1. 职业道德教育

图书馆职业道德教育是一个永恒的主题，中学图书馆也不例外。职业道德教育旨在进一步增强图书馆工作者的事业心、责任感和使命感。服务性是中学图书馆工作最为本质的特点，服务工作的好坏，关键在于图书馆工作者的素质，其中职业道德尤其重要。“以人为本”就是要将广大师生视为上帝，一切从师生的需要出发。职业道德教育要长期坚持，抓住不放。

2. 图书馆学专业知识教育

由于中学图书馆工作者普遍学历不高，大多未受过专业教育，有相当一部分人未参加过任何专业培训。所以中学图书馆应加强对图书馆专业人员的培训，特别是图书情报专业知识的在职培训，掌握图书馆的基本知识和基本技能，如掌握文献的收集、整理、加工程序；熟悉文献分类的规则和著录标准；掌握读者服务的基本技能，具有组织读者活动的能力；掌握阅读指导的方法；熟悉中学生阅读倾向，掌握阅读心理；掌握各种检索工具的使用方法等。

3. 专业辅助知识教育

专业辅助知识是专业理论与实践的外围支撑，是提高图书馆工作者有效运用专业知识的动力。图书馆学是一门综合性学科，涉及文献学、信息学、教育学、社会学、心理学、管理学、计算机科学、网络科学等。绝大多数中学图书馆工作者对外部学科知识的了解和掌握是有限的，补充一些外部学科的知识，是继续教育的一个内容。例如：心理学、计算机科学和网络科学方面的教育等。要在中学图书馆中普及计算机知识和网络知识，能对本馆的计算机和现代化设备有所了解，能较为熟练地使用和维护，能使用应用软件，能掌握运用计算机进行情报信息检索的方法，有能力利用网络获取信息，并进行必要的加工、组织和管理，建设虚拟馆藏。

中学图书馆工作者的继续教育，不同于一般的学历教育，也不同于岗位培训，应注意以下的特点：一是内容要新。继续教育的内容，以图书馆学专业为主，要介绍新理论、新知识，兼顾介绍其他学科的最新成果。二是针对性要强。继续教育的目的在于进一步提高中学图书馆工作者的专业理论水平和实际管理能力。三是实用性要强。中学图书馆工作者参加继续教育，不单纯是为了储存知识，主要是为了应用，为了有效地解决图书馆管理中的问题，提高管理效益。四是学习的独立自主性。中学图书馆工作者有一定的工作实践能力、有思维能力，除听讲课外，要重视自学和研讨、研究。

（三）继续教育的方法

1. 岗位培训

组织馆内人员参加有关部门举办的各种长短期培训班，如基础知识培训班、图书馆现代化管理培训班、文献分类编目及标准著录格式编辑培训班、网络培训班等。馆领导应有计划、有目的地对馆内人员分批进行专业培训。

2. 学历教育

馆内工作人员可以根据图书馆的需要和个人的实际情况选择适合的专业参加高等教育学习。以在职学习为主，主要包括广播电视大学、网络远程学习、自学考试、在职研究生教育等，对学习图书馆专业、计算机专业的要提倡和鼓励。

3. 举办报告会和专题讲座

请图书馆学方面的专家或其他方面专家做学术报告或专题学术讲座，使中学图书馆工作者能了解本学科或相关学科的前沿课题，开拓视野，增长新知识。

4. 参观、考察学习和参加学术研讨会

可组织馆内人员分批到示范图书馆参观访问、实地考察，学习先进经验，以启发思路，改进工作。也可选派馆内人员到其他中学图书馆或高校图书馆跟班学习，还可选派代表参加全国或地区性的中学图书馆学术研讨会。

5. 举办地区性或馆内理论研究和业务交流活动

由地区中学图书馆协会或协作组织，每年组织几次地区性的理论研讨会和业务交流活动。许多地区的中学图书馆协会、专业委员会，结合中学图书馆的实际开展理论研究和学术探讨，总结推广成功经验。要鼓励图书馆工作者结合实际工作撰写学术论文和进行课题研究。江苏省无锡市中学图书馆协会坚持馆员的业务学习和课题研究，团结和带领全市广大中学图书馆工作者服务于课改、服务于学校建设，并在教师学生中开展卓有成效活动的实践与探究中，完成了教育科研课题《中学生阅读心理调查及其必读书目研究》《学校图书馆活动课程体系的建构与研究》。课题组成员在研究过程中促进了自身专业化成长，并对该市学校图书馆事业发展做出了积极的贡献，同时培养出一大批能够独当一面的图书馆科研与业务骨干。

第二章　新时代中学图书馆藏书建设

第一节　文献及文献种类

文献信息资源是中学图书馆为教育教学服务的物质基础，是中学图书馆开展工作的前提和条件，也是构成图书馆最基本的要素之一。

一、文献

文献是记录知识的一切载体，包括纸质的图书、报刊等出版物和非纸质的录音资料、影像资料、缩微资料、计算机文档等。文献是人类脑力劳动成果的一种表现形式。

中学图书馆文献信息的基本特征：

（一）再生性

图书馆的文献信息资源是一种宝贵资源，可以开发和利用，可以复制和传递。

（二）保存性

图书馆的文献信息资源是基于一定的目标和计划，在一定时期内积累和保存的基础上形成的。

（三）共享性

图书馆的文献信息资源是可以为团体和个人共同使用的。

（四）加工性

图书馆的文献信息资源在入馆后需要分编加工和技术处理。

二、文献的类型

依照文献的载体形式，现代文献可分为印刷型文献和非印刷型文献两大类。

（一）印刷型文献

1. 图书，又称书籍

它是用文字、图画或其他符号手写或印刷于纸张等形式的载体上并具有相当篇幅的文献。联合国教科文组织《关于印刷品的统计》规定："49页以上装订成册的印刷品称为图书，5～48页称为小册子，4页以下的称为零散资料。"

2. 报刊即报纸和期刊

报纸是以刊载新闻和评论为主的定期出版物。期刊，是具有统一题名，定期或不定期，以连续分册形式出版，有卷期或年月标识，并且计划无限期地连续出版的出版物。

3. 特种文献

指出版形式比较特殊的科技文献资料，又称丛刊、不定期的连续出版物。如科技报告、会议文献、技术标准、专利文献、政府出版物、学位论文、产品资料等。以上文献多数不公开发行。

（二）机读文献

机读文献是一种以磁性材料、感光材料为存储介质，以计算机或其他设备为录入手段的电子文献。

1. 缩微文献

包括缩微胶片、缩微胶卷和缩微卡片三种。

2. 视听文献

又称多媒体电子文献或声像资料。是以电磁材料为载体，电磁波为信息符号，将声音和图像记录下来的一种动态型文献资料，包括幻灯片、电影片、唱片、录音带、录像带等视觉、听觉的音像资料。

3. 电子文献

电子文献以网络为载体和传播媒体，以多媒体为内容特征，以多样性、交互性方式进行传播。出版、发行、阅读等都是在网络环境下进行的，任何阶段都不需要纸。

（三）三级文献类型

根据文献的加工次级和加工方法可分为一次文献、二次文献和三次文献。

1. 一次文献

直接记录观察、发现、科研成果而形成的文献。这类文献是人类传递交流知识的基本通道，是存储和积累知识的重要工具，如科研报告、专利文献、原始论文等。

2. 二次文献

对各种形式的文献进行整理、加工、编排而形成的文献，是传递文献线索的主要通道，是为报道、检索、管理、控制文献出现的一种文献形式，如书目、索引、文摘等。

3. 三次文献

根据需要对一次文献所载内容进行信息单元层次（如一则消息、一个定义、一种观点、一个数据）的选择，经分析、综合、加工形成的文献，如综述、述评、手册等。这类文献用于特定用户传递课题所精选和重新综合的材料。内容更集中，针对性更强。

第二节　中学图书馆藏书原则与结构

一、中学图书馆藏书的含义

图书馆藏书是一个集合概念。它是指图书馆收藏和使用的一切书刊资料的总和。它不仅包括图书、期刊、报纸等印刷型传统文献，还包括缩微、机读、声像型等现代文献及未发表的、甚至未被人们认识的信息文献。图书馆藏书有一个收藏和使用过程。未经加工（登记、分类、编目等）与组织的图书不能称为图书馆藏书。因为未加工的图书不能在读者中借阅流通，没有实现图书资料的使用价值，正被剔除但暂存于馆内的各种文献资料也不能称为图书馆藏书，因为它不仅失去了使用价值，同时也失去了保留价值。也就是说，只有符合本馆任务和读者需要，经过搜索、整理、加工、保管，并能为读者借阅的各种文献，才能称为图书馆藏书。

二、中学图书馆藏书建设工作的内容

图书馆藏书，其实质应是经过精心选择和组织，具有特定功能的知识体系。中学图书馆的藏书建设工作应包括以下内容：①根据本馆的性质、任务、读者对象、发展规律和办学特色，来确定藏书原则、收藏范围、收藏重点、采购标准，并根据需要与可能制订短期及长期的藏书建设计划。②根据已确定的馆藏规划，精心选择与补充文献信息资料，建立具有中学教育特点的文献信息资源体系。③对入藏的文献信息资源进行分类、编目、加工和目录组织等。④根据教育教学需要，定期对馆藏进行清点和剔除工作。

三、中学图书馆的藏书结构与比例

（一）中学图书馆（室）藏书比例

中学图书馆图书资料配备应以学生需求为主，兼顾教师需要。图书馆的藏书，应当包括适合中学的各类图书和报刊，供师生使用的工具书、教学参考书，教育教学研究的理论书籍和应用型的专业书籍。图书馆的藏书要按教育部颁布的《中学图书馆（室）规程》中的《中学图书馆藏书分类比例表》进行配备。

（二）复本

复本是指内容与形式完全相同的重复本。例如：某校购入《现代远程教育工程实用技术200问》5册，这视为同一品种相同内容的图书。其中第一本为“正本”，其余各册称为“复本”。

一般情况下，中学复本量应不超过5本。其中，学生读物在2～5本，教学参考书、教研与进修每种1～3本。工具书、文集、全集每种1～2本。特殊情况时，中学因开展专题读书活动、知识竞赛需要，可适当增加复本。

四、中学图书馆馆藏基本结构

（一）工具书类

各学科工具书，各类字典、辞典、词典，教育教学手册，年鉴，百科全书，统计资料，索引等。

（二）教学参考书类

教育教学研究理论书籍，社会科学、自然科学理论专著、经典著作，各学科教师进修提高的自学用书，教学参考书等。

（三）学生用书类

各学科学习指导用书，学习参考书，社会科学、自然科学普及读物，劳动技术教育和农业科技等方面的应用型读物。

（四）通用图书类

文学艺术作品，政治思想品德教育图书、科普性图书、知识性图书以及图书馆（室）管理业务知识书刊。

（五）报刊类

报纸（包括学生用报）和各类有关思想文化、自然科学及教育教学类期刊。

（六）非书资料类

图片、幻灯片、录音带、激光盘、计算机磁盘等软件资料。

五、藏书建设遵循的原则

图书馆藏书是长期积累起来的文献资源，在其形成和发展过程中，都应该遵循一定的原则。

（一）实用性原则

补充藏书应有明确的目的性，要根据本校的规模、师生的基础、阅读的需求及本馆读者的实际需要，尽量做到入藏的书刊既有实用价值又有保存价值。

（二）系统性原则

藏书要做到全面、系统、完整。学生课外读物和教育教学资料要兼顾。教育教学需要的文献资料要系统，学科知识体系上要系统。文献资料要完整，不要卷册短缺。

（三）效益性原则

文献资源建设既要做到重视使用效益，又要重视经济效益。科学合理地使用图书经费，做到保证重点，照顾一般，品种丰富，种册适宜。

（四）发展性原则

图书馆文献信息资源建设是一个长期积累的过程。在文献信息收藏上要注意与课程改革相结合，既要收藏传统的教育管理、教学方法方面的文献，又要选择最新的现代教育管理、学科知识方面的文献。

第三节　中学图书馆藏书的补充与登记

一、藏书的补充

（一）藏书补充是藏书建设的一个重要方面主要是指选择和采集出版物

补充藏书的方式可分为购入方式和非购入方式。

1. 购入方式

订购、选购、书市购书、推销送书、邮购等。

2. 非购入方式

调拨、交换、征集、接受捐赠。

资料室补充资料的方式有选、购、换、索、剪、抄、摘、编、录。

（二）补充藏书过程中应处理好数量和质量的关系

重点藏书与一般藏书的关系，当前需要与长远需要的关系，品种与复本的关系。

二、图书的验收与登记

（一）图书的验收

对新到馆的图书与调拨单位、捐赠单位或者销售部门的单据进行核对，查看书名、册数、单价、总金额是否相符。此外，验收图书是否有质量问题，包括成套书缺册、破损、缺页、倒装等。

验收工序完成之后，需要加盖馆藏章。各学校应备有两个印章，一个是馆藏章，一般是圆形的。一处盖在书的外切口，另一处盖在书的暗页上。另一个是登录章，为长方形的，一般盖在书名页上。

图书的登记，又称为图书登录。

凡是入藏的图书都应该进行登记。登记的作用在于完整地记录馆藏财产，全面反映馆藏动态，提供准确的统计材料，作为制订计划、总结工作、清点藏书的依据。

三、图书总括登录与个别登录

（一）图书总括登录

按照每批收入图书的验收凭据（如发票、调拨单等），将该批书的总册数、总金额、各大类图书的册数进行登记。图书总括登录主要包括以下三部分：

1. 收入部分

根据入藏文献信息所附带的单据进行一次性登记，每批一行。登记分两步：

第一步，先按验收凭证，将登记日期、批号、文献来源、总册数、总金额和登录起讫号写上；第二步，再将分入各类的数字，各文种册数，各装订（平装本、精装本）册数填上。

登记时间：写实际登记图书日期。

登记顺序号：按年起号，每年均从“1”开始，每批一号。

文献来源：有自购、调拨、捐赠、交换等。

金额和册数：金额与册数按单据上的填写。

各类种册数：根据分编后的册数填写。

各文种册数：按照中文、外文册数填写。

各装订册数：按照平装本、精装本填写。

登录起讫号：每书一个流水号，接上批次连续登记。

2. 注销部分

根据注销登记项目进行登记，于每年年终按类统计。注销时间：填写实际注销图书日期。

顺序号：按年起号，每年均从“1”开始，每批一号。

批准日期：以注销申请单上领导签字日期为准。

注销文据编号：以注销申请单上的文号为准。

总册数与各类图书册数：按照实际数量填写。

各文种册数与装订册数：按照实际数量填写。

注销原因：按照丢失、破损、陈旧和其他分别填写。

3. 结存部分

以每学期为统计单位，每学期进行一次汇总。

汇总的方法：上年馆藏结转+上半年收入−上半年注销=上半年馆藏累计。

（二）图书个别登录

是将每册书或每种书的书名、著者、出版单位、出版年、来源、金额、个别登录号、索书号等项登入“图书个别登录账”。

图书个别登记的方法：

方法一：以册为单位进行个别登记。每册一个登录号，每个号占一行，若同种书有5册，就得占5行。优点：便于清点、注销。缺点：重复劳动过多、烦琐。

方法二：以种为单位进行个别登记。每一种书占一行，但每册书都要有一个登录号，若同一种书有5册，则应记为xxxx1—xxxx5号。优点：节省时间。缺点：清点、注销较为不便。

第四节　中学图书馆馆藏的组织与管理

一、馆藏文献的布局

按照文献内容、性质和形式，并根据中学图书馆的类型特点、读者对象和藏书状况，以及图书馆的馆舍、设备、人员等因素，建立起来的各种功能的区域。

馆藏文献布局模式有：

（一）按照藏书的层次可以分为基本书库和辅助书库

基本书库是总书库，文献信息数量多，类型类别复杂，用途广泛，在全馆中起总调度作用。辅助书库是总书库的一部分，以读者使用为主，针对性强、利用率高。辅助书库依赖于基本书库，不断补充新的文献信息，并将利用低的旧的文献信息送回基本书库。

（二）按照利用方式分为开架书库、半开架书库和闭架书库

《中学图书馆（室）规程》规定：图书馆应以全开架和半开架借阅为主。中学图书馆的书库应以开架书库为主，辅以半开架书库。

二、藏书排架

藏书的排架是将图书馆所藏图书，按一定的方法，系统地科学地依次排列在书架上。目前中学图书馆采用的是分类排架法。它是依据《中国图书馆分类法》进行分类排架的方法。它由分类号、种次号、辅助号组成分类排架号。分类号代表文献的学科类目，种次号代表同种类图书的区分号，辅助号代表多卷书、丛书中不同卷册和一种书的不同版本。先按照分类号顺序排列，分类号相同，再按照

种次号、辅助号顺序排列，一直区分到各类图书的不同品种。

图书馆的分类排架依靠每本书的标签识别。

（一）期刊排架

均按期刊分类排架，同种期刊按照出版年代排列。

（二）报纸排架

报纸按月进行装订，同名报纸集中摆放，并在报纸的脊背面注明名称、年份和月份，按照时间顺序从小到大排列。

（三）声像资料排架

先按照材质分类，再仿照图书的排架。

三、藏书剔除

中学图书馆藏文献的剔除工作是图书馆根据一定的原则和标准，将长期滞留在库内不用或者失去使用价值的文献进行筛选处理的过程。文献的剔除工作和文献的补充工作是构成文献资源建设的两个方面。

只有及时不断地补充新的文献信息，并及时剔除陈旧过时的文献，才能保证高质量的馆藏体系建设。

（一）剔除的范围

《中学图书馆馆藏书刊清理剔旧的基本范围和要求》中列出以下8种情况：

①不符合国家和市有关出版法律法规的出版物；②不符合党在现阶段的有关思想政治路线和理论观点、政策法规的出版物；③不符合社会主义精神文明建设要求或不利于学生身心健康发展的出版物；④科学观点和内容陈旧或有误的出版物；⑤不具备独特的历史保存价值，馆藏期限超过3年的纸质报纸和馆藏期限超过5年的期刊；⑥1977年以前出版的不具备独特的历史保存价值或对师生的工作、学习无参考利用价值的各类图书；⑦严重污损、无法修复的出版物；⑧无利用价值的图书和过量的复本。

（二）剔除工作程序

①填写图书注销申请单，并说明原因，报上级领导审批。②在图书个别登录簿和图书总括登录簿或计算机管理软件中的相应栏目做注销登记。③清理剔除后的出版物其残值按学校有关资产管理的规定处理。

四、藏书清点

藏书的清点是图书馆藏书组织管理工作中的一项重要内容。通过清点，可以准确掌握馆藏情况，及时发现问题，改进工作。中学图书馆文献清点工作常用的方法有：

（一）分类目录清点法

藏书的分类排列法和分类目录的组织是一致的。清点时用目录来核对书迅速、准确、方便。它可以分组分类同时进行。清点时一定要在分类目录上做标记，这样核对比较方便省时。对多次催还而未归还的图书，可以做一张卡片，在卡片上写上书名、书号、登录号，将卡代替一本书，排列在该书应排的位置上。这种清点方法不会造成书架上的混乱，清点后即可流通。

（二）检查卡清点法

就是对要清点的每一册图书（包括借出的图书）都制作一张检查卡，检查卡要记索书号、书名和登录号。检查卡全部抄写完后，按照登录号顺序排列起来，再和登记簿逐号进行核对，就能清楚知道馆藏情况。

文献清点完毕后，应及时写总结报告。主要内容包括：当前实有馆藏数量、丢失和破损情况，各类文献占有比例，分析缺损原因，提出今后改进意见和采取的措施。最后根据领导批示，分别在“图书总括登录簿”和“图书个别登录簿”或计算机管理软件的“注销登记”栏目中进行登记。

中学图书馆应定期进行文献清点工作，文献清点工作可与文献剔旧工作同步进行。

五、藏书保护

馆藏文献是学校的固定财产，也是为师生提供文献资料，开展读者工作的基础。因此，要做好文献的保护工作既是继承和保护文化的需要，也是利用藏书达到教育教学职能的需要。

（一）防火

书刊资料最重要的是防火。各种类型文献资料都是易燃材料，一旦失火，会造成巨大损失。图书馆防火应“以防为主，以消为辅”，要严格规定和执行防火安全的管理制度。

（二）防湿、防潮

空气中相对湿度的高低，对图书的影响很大。书库内相对湿度过高，书刊资料很容易吸水受潮、变形，甚至出现霉烂现象。为此，书库要保持良好的通风环境，书库内不要安装洗手盆或拖把池。书库周围要排水通畅，书库内应避免给排水管道通过。

（三）防晒

书刊资料经过一定时间，在光和空气的影响下常常会发生物理和化学变化，出现老化现象。纸张会失去强度而发黄、变脆。装订会失效脱落，断线散页。因此，书库要避免阳光直射书籍。

（四）防尘、防有害气体

书库内积满灰尘，也会对书籍造成损害。尘土中的微粒对纸张有污染、渗透和磨损作用。同时，尘土遇到潮湿的空气而凝聚，会给霉菌和害虫提供生长条件。因此，图书馆应有一个空气清新的环境，并有良好的绿化。窗户构造要严密，尽量减少窗缝。书库地面要便于清除尘埃，采用不易起砂、坚实耐磨的地面。

（五）防虫、防鼠和消毒

虫蛀、鼠咬是对书籍的又一大隐患。危害书籍的害虫有许多种，主要是蛀蚀、皮蠹、书蚕、蛾蝶等。这些害虫的滋生与潮湿的环境、不良的通风和污垢有关。因此，要保持书库清洁的环境。书籍的消毒有两种方法。一是物理消毒方法，一些经常外借流通的书籍可以用热、日光及放射线（如紫外线灯）等进行消毒。二是化学消毒法，多用化学药品消毒，如用二硫化碳在消毒室内消毒。

第五节　中学图书馆文献编目

一、图书馆目录的基础知识

图书馆目录是图书馆对馆藏文献的内容和形式特征进行客观描述，并按照一定的规则和方法组织而成的以便选择和利用馆藏文献的工具。图书馆目录具有揭示文献、识别文献和检索文献的作用。

（一）图书馆目录的基本概念以及图书馆目录的作用

1. 图书馆目录的基本概念

文献——指以文字、符号、形象、声像等方式，并通过写、印刻、录制等技术手段“记录有知识的一切载体”，图书馆收藏的图书、古籍、报刊、图表、地图、教材、资料、文件、音像（视听）制品等，统称为文献。

著录——在编制文献目录时，按照一定的著录规则，对文献的内容、形式特征进行分析、选择和记录的过程。

文献的内容是指文献的著作内容；文献的形式是指文献的物质形态；也就是说著录是记录和描写文献特征的过程。

款目——依据一定的规则，对某一具体的内容和形式特征所作出的一条记录。

在编制图书馆目录过程中，把文献内容、形态特征记录在卡片上，每一张卡片就是一条款目。如题名卡片就是题名款目。一种文献可以有题名、分类、责任者、主题等多种款目。

编目——按照一定的规则，根据文献内容和形态特征编制的一条条款目，组织成为目录的整个过程，叫作编目。“编目”与“著录”不同。编目包括文献著录、文献标引、目录组织等过程。著录是编目工作的内容之一。

标目——也称著录标目，编制文献目录时，按照一定规则确定的、作为目录款目排序和检索依据的名称、词或词组、代码或编号等，它是决定款目在目录中排检次序和款目性质，提供检索途径的一项文献特征。

图书馆目录——是将一批著录了图书馆馆藏文献信息的款目或记录按照一定次序排列组织而成的揭示、报道和检索馆藏的一种工具。是读者了解文献，从而确认并借阅文献的依据。

2. 图书馆目录的作用

（1）图书目录是揭示馆藏的工具

图书馆目录通过每一条款目对文献的内在特征和形态特征进行记载，图书馆目录是对图书馆内容庞大而杂乱的信息资源进行有序化地揭示，从而为读者了解和选择文献提供线索和依据。

（2）图书馆目录是宣传图书、辅导阅读的工具

图书馆目录通过对文献学科内容等的揭示，把文献宣传给读者，为读者选择和阅读文献提供导航。

（3）图书馆目录是供读者检索文献的工具

有了各种类型的图书馆目录，读者就可以从题名、分类、著者、主题等几方面来检索文献。图书馆工作人员还可以把某一方面的文献内容加工整理成二次文献、三次文献，并以目录的形式呈现给读者，方便读者检索到所需要的文献。

（4）图书馆目录是图书馆人员开展各项业务工作不可缺少的工具

图书馆的基础工作的各个环节都要利用图书馆目录。在采购文献时，要利用目录查重；在文献分类时，要通过查验目录，看是否有同种书不同分类号。在藏书组织工作中，要利用目录划分藏书范围；图书馆目录还可以作为藏书清点的依据；在读者服务过程中，要利用图书馆目录向读者宣传和推荐图书，辅导阅读，解答读者咨询等。

（二）图书馆设置目录的种类与作用

第一，按照目录使用对象可分为公务目录和读者目录。

公务目录也叫工作目录，就是专供图书馆工作人员在进行图书查重、分类编目、典藏等业务工作中使用的目录。公务目录应该反映全部馆藏，是全馆的总目录。在中学图书馆由于物质条件有限，也可以将公务目录和读者目录合二为一。

读者目录也叫公共目录，就是供读者查阅图书资料时使用的目录。读者目录所揭示的文献内容应针对读者对象不同的需求和文献内容适用范围有所不同。因此这种目录所反映的文献内容不一定是全部馆藏内容。例如：在中学图书馆，可以将教师适用的图书资料款目集中编排成教师用目录；对适合学生阅读的图书资料款目集中编排成学生用目录。

第二，按照揭示文献的特征分为题名目录、分类目录、责任目录、主题目录。

题名目录是按照文献的题名字顺编排而成的目录，以供人们依据文献题名这个特征来查检图书资料。它可以揭示本馆是否收藏某一题名的文献，或同一种文献的不同版本。在题名目录中，除了反映正题名外，还可以反映副题名、交替题名。用题名目录能够快速准确地找出已知题名的文献馆内是否收藏，它是图书馆必备的文献目录。

分类目录是按照图书馆所给出的文献的分类号组织而成的目录。由于分类号能够揭示文献的知识门类和学科属性，所以分类目录实际上是“以类求书”，是图书馆常用的目录。读者使用这种目录，需要熟悉分类体系和目录编排结构。

责任者目录是按照责任者（著者）名称的字顺组织起来的目录。读者可以通过这种目录检索到特定著者的文献，也可以查检到图书馆藏书中，某一著者的全部著作。责任者目录也是图书馆常备的目录。

主题目录是按照能概括文献内容的主题词的字顺组织而成的目录。主题词是在文献标引和检索中用以表达文献主题的规范化的词或词组。主题目录可以将包含相同内容但是分散在不同类别里的图书，按照主题词集中在一起。因此，通过主题目录，读者可以查找到一定内容的图书资料。这一目录在中学图书馆还没有被广泛采用。

第三，按其物质形态可分为卡片式目录、书本式目录、活页式目录、张贴式目录、机读式目录等。

卡片式目录是将文献的各种特征记录在标准规格为长12.5厘米，宽7.5厘米的卡片上，再将众多的卡片以一定的特征按顺序编排起来形成的目录。可以根据需要设置分类卡片目录、书名卡片目录等，也可以随时增减、调整，可以多人同时使用。但是需要卡片柜等设备，在馆内一张张地翻阅卡片也比较浪费时间。

书本式目录是将图书馆藏书按照一定顺序排列起来并以书本的形式呈现出来的目录。这种目录的优点是易于携带和复印，但是不能随藏书的增加而随时添加，所以不能反映全部馆藏。

活页式目录是将记录文献特征的一张张散页按类别集中排列起来，装在活页夹中，形成的一种活页式书本形式的目录。优点是可以随时添加。缺点是易损坏。

张贴式目录是指将卡片目录或活页目录的一部分拿出来张贴在借书处或阅览室，用于图书宣传的目录。

机读目录（MARC）即机器可读目录的简称，来自英文Machine-Readable Cataloging，是文献编目内容（数据）经过计算机处理，以代码形式记载在计算机存储载体上，用计算机自动控制、识别、处理和编辑输出的目录。MARC是描述文献著录项目的国际标准格式，是实现计算机处理书目信息及资源共享的基础。

第四，按目录反映的藏书范围分为总目录、部门目录、特藏目录。

总目录是反映图书馆全部文献的目录。一般图书馆都用公务目录中的题名目录作为总目录。总目录能够揭示图书馆的全部馆藏。

部门目录是设在图书馆某部门的目录，如借书处目录、教师资料室目录等。部门目录根据需要选择书目内容，不一定包含全部馆藏。

特藏目录是反映图书馆具有特殊价值的或珍贵的，或者需要单独保管的文献的目录。例如：地方志目录、古籍善本书目等。

一个图书馆设置哪些目录，要根据图书馆的类型、任务、藏书规模与组织方法、机构设置、读者对象以及需求范围具体情况而决定。

按照《中学图书馆（室）规程（修订）》规定：中学图书应设书名目录和分类目录，条件好的图书馆可增设著者目录。实行计算机管理的图书馆，计算机能够满足师生进行书目检索，可废止卡片目录。

（三）中学图书馆图书著录标准

根据教育部修订的《中学图书馆（室）规程》的规定：图书著录要符合国家规定的《普通图书著录规则》标准，期刊著录要符合国家规定的《连续出版物著录规则》，计算机编目按《中文图书机读目录格式》进行。

二、中文普通图书著录

（一）普通图书著录项目、主要内容和作用

用以揭示文献内容、外表形式和物质形态的记录事项，称为著录项目。著录项目按其不同的性质和职能分为文献特征著录项目和图书馆业务注记项目两大部分。

文献特征著录项目包括十个大项目：

1. 书名与责任者项

书名是直接表达或象征、隐喻图书内容及其特征，并使其个别化的名称。书名项包括正书名、并列书名、说明书名的文字。

责任者是指对图书内容进行创造、整理、加工，负有直接责任的个人或团体。责任者项包括第一责任者、其他责任者。

2. 版本项

包括版次及其他版本形式以及与本版有关的责任说明。

3. 文献特殊细节项

本项不适用于普通图书著录，只用于著录连续出版物的年、卷、期起讫，地图的比例尺和投影法等，以及其他文献的特殊记载。

4. 出版发行项

本项揭示了图书的出版发行情况。包括出版地或发行地、出版者或发行者、出版年月或发行年月、印刷地以及印刷者和印刷年四个小项目。

5. 载体形态项

本项反映图书的内在和外在的物质形态特征。包括页数或卷（册）数、图、尺寸、附件四个小项目。

6. 丛书项

丛书是指在一个总书名下汇集多种单独著作为一套，并以编号或不编号方式出版的图书。它通常是为了某一特定用途，或针对特定的读者对象，或围绕一定主题内容而编纂。

丛书项包括正丛书名、并列丛书名、副丛书名及说明丛书名文字、丛书编者、国际标准连续出版物编号（ISSN）、丛书编号、附属丛书七个小项目。

7. 附注项

附注项是著录正文各项中没有反映的材料。是对著录正文的补充和说明。

8. 标准编号与获得方式项

包括国际标准书号（ISBN号）、装订、获得方式三个小项目。

9. 提要项

本项是对图书内容的简介或评述，供读者检索图书参考。

10. 排检项

排检项著录在款目的下方，格式如下：① 题名；② 责任者；③ 主题词；④ 分类号。

（二）著录项目的取舍和著录级次的选择

《中国文献编目规则》规定了著录项目区分为主要项目和选择项目。

主要项目包括：题名与责任说明项的正题名、第一责任说明；版本项的版本说明；文献特殊细节；出版、发行项的出版地、出版者、出版日期；载体形态项为数量及特定文献类型标识、尺寸、附件；丛编项的丛编正题名、丛编编号、分丛编号；文献标准编号。

选择项目包括：并列题名，一般文献类型标识、其他题名信息、其他责任说明；印制地、印制者、印制日期；丛编并列题名、丛编其他题名信息、丛编责任说明、丛编ISBN；附注项；装帧、获得方式、附加说明。

著录详简分三个级次：

第一，简要级次（或称为第一级次），仅著录主要项目。

第二，基本级次（或称为第二级次），除著录主要项目外，还著录部分选择项目。

第三，详细级次（或称为第三级次），著录主要项目和全部选择项目。中学图书著录级次选择应以基本级次为主，可以根据本馆藏书内容灵活掌握。

（三）著录格式与类型

著录格式是款目内容的各个著录项目在载体上的排列顺序及其表达方式，格式主要通过段落及标识符号体现出来。

著录格式的类型：按表述特征可以区分为分段著录格式、连续著录格式；按款目性质可以区分为通用款目格式、分类款目格式、题名款目格式、责任者款目格式、主题款目格式等等。

通用款目分段著录格式。

著录格式由著录正文和排检项组成，分为六个段落：第一段：书名与责任说明；版本项；出版发行项；（移行时向左突出一个字）。第二段：载体形态项另起一行著录，与题名第一字平齐；丛编项。第三段：附注项。第四段：标准编号与获得方式项。第五段：提要项。第六段：排检项。

（四）著录项目标识及其主要作用

1. 标识符

“—”项目标识符：用于除题名与责任说明项之外的各大项之前。

“[　]”方括号：用于一般文献类型标识和取自规定信息源之外的著录信息。

“=”等号：用于并列题名、并列责任说明、丛编并列题名、连续出版物卷期或年月的第二标识系统、识别题名之前。

“：”冒号：用于其他题名信息、出版者、图、丛编其他题名信息、获得方式之前。

“/”斜线：用于第一责任者说明、与本版有关的第一责任说明、丛编第一责任说明之前。

“,”逗号：用于有从属标识的从属题名，同一责任说明的第二、第三个责任者，附加版本说明、出版年、国际标准连续出版物号、交替题名、分段页码的第二、第三页码之前。

“·”圆点：用于从属标识或无从属标识的从属题名，以及属于不同责任者的第二、第三个无总题名文献的题名和分丛编题名之前。

"+"加号：用于载体形态项的附件之前。

"( )"圆括号：用于丛编项、印刷事项、载体形态项的补充说明、标准编号与获得方式项的附加说明及连续出版物卷、期、年、月或其他标识项的年月标识。

"×"乘号：用于载体形态项的文献宽度或厚度尺寸之前。

"…"省略号：用于标识省略的著录内容。

"？"问号：用于不能确定的著录内容、例如推测著录的出版地、出版年等，并与方括号"[ ]"结合使用。

"—"连字符：用于年代、卷期等起讫连接。

""引号：用于引用内容。

"//"双斜线：用于分析著录中析出文献与其所在整体之间。

"；"分号：用于其他责任说明、其他出版地、尺寸、丛编号、联系出版物的后续标示系统、属于同一责任者的第二、第三无总题名文献的题名之前。

2. 标识符使用说明

除了题名与责任说明外，各项目连续著录时，其前都要用项目标识符".—"标识。回行时，不应省略该标识符号。但各项目另起段落著录时，可以省略。

除了".—"占两个字格外，其他符号占一格，在它们的前后均不再空格。

在卡片款目的著录格式中，通常采用段落符号式，其每一段开头的项目都可以省略".—"。

凡重复著录一个项目，需重复添加该项目的标识符。

不进行著录的大小项目，其标识符连同项目一并省略。

（五）著录根据及对著录用文字的规定和要求

第一，著录根据就是著录事项的来源，图书著录描述的是全书，著录事项应来源于全书。但著录的主要根据是题名页和版权页，而不是封皮。有时题名页、书脊所写题名不同，应以题名页为准，其他书名在附注项注明；在著录版本和出版发行项时，为了完整地、准确地记录文献特征，编目人员必须利用有关工具书查找必要的图书特征著录事项，并用"[ ]"括起。

第二，在图书著录中，描述图书的内容和形式是通过文字的字形、字体和语种表达的，因此著录用的文字必须规范化，要使用国家正式公布的简化汉字，遇有繁体字、异体字时，一律改为标准的简化字，版次、出版日期或发行日期、卷（册）数、载体形态的数量、尺寸或开本、价格等数目字一律用阿拉伯数字。

各少数民族文字的图书采用标准著录时，应按照其文字的书写规则著录，书名、责任者中的外文亦应照录。

（六）各著录项目的具体著录方法

1. 书名与责任说明项著录

（1）单纯书名的著录

单纯书名就是指书名前后没有任何附加文字的书名。

著录注意事项：① 书名文字全部照录：书名中的标点、符号、数字、汉语拼音字母及外文字母均照录。② 正书名中附有卷（册）数、章回数以及戏剧幕数时，著录于书名后，前面用"："标识，一律用汉字著录。③ 书名前含"重订、新编、袖珍、插图、图解、增订、钦定、笔注"等的，应照录。④ 书名前冠有责任者的姓名时，要区分是书名的组成部分，还是责任者冠于书名前，前者应于书名照录，后者不予著录。

（2）交替书名的著录

著录要求：当一本书在书名页上标有两个交替使用的不同书名，著录时，交替书名按原题排列顺序照录，两个书名之间用","连接。

当有三个以上的交替书名时，第三个以上的交替书名著录在辅助项上。

（3）并列书名的著录

著录要求：在一本书的书名页上出现两种以上相互对照的语言文字，这些语言文字所反映的图书性质、内容、用途应是一致的，在著录并列书名时，应按其原题顺序著录，并在并列书名间用"标识。

（4）合订书名的著录

合订书名指同种图书由几部著作合订，没有共同的书名，合订书名的责任者可能为同一人，也可能不是。著录时要把握书名与责任者的对应关系。

著录要求：

① 同一责任者的两部著作合订，依次著录两个书名，中间用"；"标识。② 不同责任者的两部著作合订，依次分别著录两部著作名称和相对应的责任者，然后两部著作之间用"-"标识。③ 不属于同一著者的合订著作有三部或以上，

著录第一个书名和责任者，其他著录在附注项。

（5）副书名以说明书名文字的著录

一般副书名是解释或从属于正书名的另一书名，又称解释书名，它与正书名关系密切，在书名页中列在正书名之后。

著录要求：著录于正书名之后，其前用“：”标识。有两个或两个以上副书名时，照录，在它们中间用“,”连接。

（6）中学课本、教学参考资料的著录

中学校课本教材、教学参考书、教学大纲、复习资料等教学辅助材料，不论其书名排列次序如何，均视为一个完整的单纯书名著录。

2. 责任者项著录

著录注意事项。①责任者项的著录内容具有两个或以上，一般按书名页记载顺序著录。经过注释、改编、修订的著作，先著录原著者，再著录注释、改编、修订者；但文艺作品改变体裁的，以改编者为第一责任者。②翻译作品先著录原著者，再著录翻译者。原著者无从查考的，以译者为第一责任者。转译的作品，只著录原著者和汉文翻译者。③歌曲先著录作词者，再著录作曲者。④同一责任说明的不同责任者不超过3个的，照录，中间用“,”隔开，超过3个，只著录第一个。⑤机关团体集体创作的著作，一般以团体名称著录，但在机关团体下有个人责任者姓名时，以个人姓名著录。⑥中国古代，清以前的，需在姓名前加朝代名称，加“（ ）”，解放以前的加“（民国）”。⑦外国责任者按原题如实著录，其前加国别，用“（ ）”。有外文姓名时，著录于中文译名后，用“=”表示。⑧僧人的著作，前加“（释）”。⑨责任者的出身、籍贯、单位、职位、职称、头衔等不著录。⑩没有责任者的，根据不同情况著录。如在图书其他部分中找；经考证的，加“[ ]”，在附注项说明洞一出版社出版的，用“本社编”。

3. 版本项著录

符号及一般结构：①—版次，附加版本说明。②—版次或其他版本形式。③—版次/与本版有关的第一责任说明，与本版有关的其他责任说明项。④—版次/与本版有关的第一责任说明，与本版有关的其他责任说明项，其他版本形式。

著录注意事项：①图书排版的次数叫版次。第一版可不著录，其他各版均著录。版本中有“增订版、修订版”等，均照录。②版本形式指图书制版类型，常见的有铅印、胶印、影印、复印、油印等，除了铅印和胶印外，其他形式均著录。

4. 出版发行项著录

符号及一般结构：①——出版发行地：出版发行者，出版发行年（印刷地：印刷者，印刷年）。②——出版发行地；出版发行地：出版发行者，出版发行年。③——出版发行地：出版发行者：出版发行者，出版发行年。④——出版发行地：出版发行者；出版发行地：出版发行者，出版发行年出版发行项是对图书的编印、制作、出版地、出版者、出版时间等方面的记载。

（1）出版发行地

①以出版发行工作机构所在地为准，并用地名全称，图书中所载出版发行地有误时，应照录，但要将正确地名著录其后，并加“[　]”或在附注项说明。②地名相同的不同出版地，可在出版地后加“[　]”注明国别或地区名称。③图书出现两个出版地，在第二出版地前用标识。④出版地处于推测，在地名后加“？”，无法推测具体城市，可取国名或省名，完全无法推测，则以“出版社不详”字样著录。以上推测均置于“[　]”内。⑤出版发行者名称已反映出出版地地址，为避免混淆，出版地照录，不省略。

（2）出版发行者

①一般以出版机构为准，不著录出版机构的代表人；无出版者时用发行者或经销者代替。②出版者除国内知名又易于识别的出版发行者可简称外，其他均用全称著录，但可省略表示其不同责任的“出版”“发行”等字样。③如出版者为著者，可用“著者”“编者”“译者”等简略著录。④图书具有两个出版发行者时，应同时著录，在第二个出版者前用“：”标识，具有三个及其以上时，只著录第一个，后加“…”。⑤图书没有明确出版者，又无法考查时，应著录“出版者不详”字样，并加“[　]”。⑥图书出现两个出版地、两个出版者时，先著录第一个出版地、出版者，后著录第二个出版地、出版者，在第二个出版地与出版者之前用“广”连接。

（3）出版发行年

①出版发行年按原题的纪年著录，可省略“年”字样。如非公元纪年，应在其后著录公元纪年，并加“[　]”。②分卷（册）图书多层次著录，需要著录最初及最后出版年，并用连接符号“—”表示。但多卷（册）未出版齐全，一般著录

第一卷出版年，后加连接符“一”，待出齐后再著录最后出版年。③图书出版年记载有误，仍需照录，并将考查所得的正确年份著录其后，并加“[ ]”或在附注项说明。④图书没有出版发行年或印刷年，可推测著录，用[?]标识。

一般没有出版发行资料，可用印刷地、印刷者、印刷年代替；即有出版资料又有印刷资料的，必要时，可将印刷地、印刷者、印刷年著录于出版发行年之后，并加“( )”。一般不用。

5. 载体形态项著录

符号及一般结构。

页数：图；尺寸。

页数：图；尺寸+附件。

卷（册）数：图；尺寸。

页数；尺寸。

著录注意事项：

（1）页数或卷（册）数

①页数一般包括正文页数或正文前后的其他页数。如果正文页数是与正文前后其他页数单独编码，则正文前后的页数可从略。页数均按单面编码计算。②分多册装帧的图书，如果各分册的页数连续编码时，先著录总册数，再著录页数，并将页数置于“( )”内；各分册单独编号时，则著录总册数。③单独著录的多卷（册）图书，如分卷（册）页数连贯编号，著录其起讫页码。④以图片为主的散页图片，页数以“张、幅、帧”计算。⑤散页未装订图书，除著录页数外，需标明函数于页数之后，并加“( )”。⑥页数有误，应著录更正后的页数，加“[ ]”；书中未载页数，要统计全书页数著录，加“[ ]”；难于统计则著录为“1册”。

（2）图

①图的类型：冠图、插图、附图。根据不同情况，具体著录为照片、肖像、插图、折图、彩图等。②书中的插图一般不用著录，但如果离开图会影响到图书的内容理解，应著录。一般情况下，有编号的插图一定要著录。③图书主要由图组成，或书名已明确为图，如“图解、画册、图册”等，不重复著录。

（3）尺寸

以封面的高、宽为准，一般的版权页上均有。通常只著录高度。

（4）附件

附件指与图书内容有直接关系，而又分离与该书之外的附加材料。

①附件与图书的主要部分必须结合使用并一起入藏的，著录于载体形态项末尾，其前加“标识。②附件具有自己的题名，可脱离图书单独使用，分散著录，但在各自附注项均须相互注明。③附件具有自己的题名，又连续出版发行者，应与图书的主要部分一起作多层次著录。④凡著录于载体形态项末尾的附件，其本身的特征可按一般著录方法适当加以描述，但需将著录内容置于“( )”内。

三、丛书、多卷书著录

（一）丛书的著录

1. 丛书的定义

丛书是将许多单独的著作汇集在一起为一套，并具有一个总的题名的出版物，这种出版物除了教“丛书”以外，还有丛刊、丛编、文库、类编、全书、选刊、大全、丛集等名称。

2. 丛书的特点

丛书所涉及的内容可以是某一个专题，也可以是综合性的。著者一般有一个主编，又有单个著作的作者。也有的丛书是一个人编著的。丛书的出版者可以是一家，也可以是多家联合出版。在出版时间安排上，有的是集中一次出齐，有的是分散出版、编辑。在装帧形态上一般有统一的设计或标志。

3. 丛书著录方法和格式

根据丛书在编辑出版形式上和内容上的不同，丛书的著录方法有以下三种：

（1）整套丛书综合著录

这种著录方法一般用于整套丛书有齐全的书名目录和目次，并一次出版发行，而且内容一般是专题性的著作。

著录正文是以丛书的总书名与主编者作为书名与责任者项；出版发行项和载体形态项都以整套丛书为对象；出版年月应该是整套丛书各分册出版的起止年月。附注项应有子目（或注明“本馆有”），子目中应著录各单册的丛书编号、书号、责任者、版次及出版日期等内容。

如果丛书是多主题的，或者需要从多角度检索各单册图书，也可将子目编目成丛书的分类分析款目，即将每一单册书编制一条款目，再将这些款目依次附于综合款目后面作为子目。但在综合款目上要注明“子目附后”。在编制目录时，这些单册的款目可以编入书名目录、分类目录、责任者目录和主题目录。

（2）分散著录

分散著录是以丛书的每一单册为著录单位进行著录。这种方法一般用于丛书内容是多主题的，而且是分散购进的图书。在著录时，款目上必须著录丛书项。

（3）先分散著录后综合著录

这种方法是为了揭示丛书的全貌，从丛书名的角度供读者查检全套丛书的入藏情况，在分散著录的基础上再进行综合著录。综合著录时，一般是待整套丛书已经收集齐全，或不能再收集了。综合款目的子目项目中必须添加单册的索书号。

（二）多卷书的著录

1. 多卷书的定义

多卷书是将一种图书分为多卷（册），并有统一编次的出版物。

2. 多卷书的特点

多卷书的编次有卷、集、册、篇等名称，这些名称只是反映著作的数量或内容的出版单位，每个单位一般不能独立成图书；多卷书的作者可以是一个，也可由多个著者分卷撰写或合著；多卷书在装帧、版式等形态上一般是一致的；在出版时间上有依卷次出版发行的，也有的是分散不依卷次出版发行的。多卷书与丛书的主要区别在于它是一种图书，在内容上是一个完整的整体。

3. 多卷书的著录方法和格式

多卷书的著录以整套著录为主，分卷著录为辅。当一次出版、一次到馆、只有一个书名时，一般采用整套著录，在版本形态项中只著录卷（册）数或总页数。

当多卷书是一次到馆，各分卷（册）还有各自的书名、责任者时，在整套著录的子项目中应注明各卷（册）的卷次号、书名与责任者、出版发行项等。

当多卷书是陆续出版、分散到馆时，一般采用分卷（册）著录的方法。这种方法应在总书名之后注明卷（册）号。为了便于排架和组织目录，还应在索书号下面注明卷（册）号。如果有必要，或者为减少目录中的卡片数量，可以在全套书到齐后，再将各分卷（册）款目改编为一张整套著录（综合著录）款目。

四、连续出版物著录

（一）连续出版物的定义

国家标准局发布的《连续出版物著录规则》中对连续出版物做的定义表述如下：连续出版物是印刷或非印刷形式的出版物，具有统一的题名，定期或不定期以连续分册形式出版，有卷期或年月标识，并且计划无期限地连续出版。

（二）连续出版物的特征

与丛书、多卷书相比，连续出版物具有独有的特征：

1. 出版方式的连续性

连续性是连续出版物的本质特征。

2. 文献类型的广泛性

连续出版物的范围非常广泛，包括期刊、报纸、年度出版物（年鉴、指南等）以及成系列的报告、学会会刊、会议录和专著丛书。

3. 收录内容的多样性

连续出版物收录的内容极其广泛，每一种出版物虽然都有一个总的题名，并围绕着一个主题或一门学科内容，且每一单册都有独立的内容，或多方面的内容栏目和篇章。

由于连续出版物内容广泛、类型多样，中学图书馆在收藏时应加以选择和区别，有些归入图书类，按图书进行分类、著录。有些如杂志、报纸、文摘等应按期刊进行著录。

（三）连续出版物的著录项目

《连续出版物著录规则》规定连续出版物著录项目一般有八个大项目，在大项目下再相应地设置若干个小项目。由于图书馆收藏的某种连续出版物可能不齐全，一般还增加馆藏项，以记录本图书馆入藏情况，馆藏项需令用卡片著录。连续出版物著录项目有：①题名与责任者项；②版本项；③卷、期、年、月或其他标识项；④出版、发行项；⑤载体形态项；⑥丛刊项；⑦附注项；⑧国际连续出版物号与获得方式项；⑨本馆收藏项。

（四）连续出版物著录方法

1. 期刊的著录

由于期刊内容的多样，在图书馆入藏时间长短不同，在著录时应有所选择对需要较长时间收藏的过刊（一般需要合订），正式进行著录，并组织期刊目录。

期刊著录应以整套刊物为一个著录单位，第一张卡片著录期刊总的情况。中学图书馆可选用简要著录级次，只著录：正题名，第一责任者；版本项；卷、期、年、月或其他标识项；出版地，出版者，出版日期；部分附注；国际连续出版物编号和载体形态项等主要项目即可。本馆收藏项令用卡片著录，按照收藏情况逐年续著。

2. 非杂志性连续出版物著录

非杂志性连续出版物的类型很多，有定期出版的，大多数是不定期出版的。常见的有以下几种类型：

（1）年鉴、年刊、手册等

这些类型的出版物是供读者经常使用的参考工具书，资料丰富、系统。例如：《人民手册》《体育年鉴》等。这些类型的出版物通常按图书处理，采取综合著录方法。

（2）丛刊

这类出版物多是有连续编号的不定期出版物。这类出版物一般视出版情况，从书店购进的可按图书处理，从邮局订购的，可按杂志处理。著录应采取整套著录法。有个别刊物是书店发行的，但是属于杂志的，也要按杂志处理。

（3）史料类型（回忆录）出版物

这类出版物一般不定期出版，有统一序号。如《文史资料》。这类出版物一般按图书处理，采取综合著录方法。

（4）文摘、提要等

这类出版物有定期的，也有不定期的。这类出版物应按期刊处理。

总之，非杂志性连续出版物类型很多，有些介于书、刊之间。在选择著录方法时，应该以便于读者使用为原则，也要考虑利于管理。

3. 连续出版物论文索引的著录

论文索引是揭示连续出版物内容的有效工具。因其专业技术性较强，一般有专门机构和部门编制，一些主要报刊大多由出版部门编制专门索引，按年度附于期刊后面，或印刷专门索引，另外刊行。例如《光明日报索引》《全国主要报刊论文索引》等。这类正规出版的索引，可以直接购进。中学图书馆还可以视需要与可能，编制一些论文索引。论文索引的著录采用分析著录方法。

（五）图书在版编目

图书在版编目（简称CIP），最初也称为书源编目，是指在图书出版过程中，由一个集中的编目处理，然后将该书的编目数据交给出版社印在图书书名页的背面，供图书馆、书店、书目人员以及读者使用。

五、机读目录格式

机读目录（Machine-read-able catalogue，简称MARC）是一种以代码形式和特定结构记录在计算机存贮载体上，可由计算机自动控制、处理和编辑输出的目录。

（一）机读目录的主要特点

①机读目录载体体积小，存储密度高，数据易于保存。②一次输入，可输出多种载体的款目。③网上传输，可实现合作编目和联机检索。④自动排序强，检索点多，检准率高。

（二）中国机读目录（CNMARC）的逻辑结构

在机读目录里，一条书目记录（Record）相当于手检目录中的一条款目，是一种文献有关信息的完整记录。按一定顺序排列而成的记录集合称之为文件（File），相当于一个功能齐全的手检目录体系。这一目录体系经过程序控制的计算机加工处理，可按需要输出题名、责任者、主题、分类等多种目录。

（三）中国机读目录CNMARC的格式

每条机读目录由以下基本部分组成：记录头标区、地址目次区、数据字段区、记录分隔符。

记录头标区：由24位字符组成，由定长数据元素构成，包含记录处理所需数据。

地址目次区：由若干个目次项和一个字段分隔符组成。每个目次项由三个数字的字段号、四个数字的字段长度和五个数字的起始字符位置构成。

数据字段区：由若干固定长和可变长字段构成，按格式由人工输入大量的文献信息。

记录分隔符：表示一个书目数据结束的字符。

（四）中国机读目录CNMARC数字字段区的功能块

《新版中国机读目录格式使用手册》为数据字段区设置了若干个功能块。

1. 编码信息块

记录文献的语种、出版、形态特征、内容类别等。

2. 著录块

记录各著录项目，每个字段相当于一个著录大项，包括题名与责任者项、版本项、出版发行项、载体形态项、丛书项和文献特殊细节项等字段构成。

3. 附注块

主要包括对作品各方面的文字说明，由一般附注、内容附注、提要和文摘、采访信息附注等字段构成。

4. 连接款目块

主要包括以数字和文字形式对其他记录的标准连接。

5. 相关题名块

主要包括作为检索点的本作品的其他题名，由统一题名、并列题名、其他题名、编目员补充的附加题名等字段构成。

6. 主题分析块

记录各种分类检索点和其主题检索点。

7. 责任者块

记录各种责任者检索点。

8. 国际使用块

记录编目机构名称、输入日期JSDS中心代码等。

9. 国内使用块

主要设置馆藏信息字段，如馆藏代码、登录号、分类号、书次号、入藏卷次、年代范围等字段。

（五）计算机编目程序

计算机编目要保证编目工作的一致性、连贯性，保证机读目录的质量。因此，要严格按照编目规则操作。

1. 查重

利用机读目录从题名、责任者、分类号等检索点查找，看是否已有已编文献记录。若找不到该文献的记录，需要做新编目工作。

2. 套用和修改

通过联机注册套录CNMARC数据或免费下载有关书目数据库的数据，套用其有关记录。对套用的数据进行分析，决定取舍，或修改或直接使用。

3. 原始编目

如果在其他编目库中没查到所需要的文献信息，就进行原始编目。

①阅读文献，分析特征，在“著录信息块”和“附注块”中记录图书的外形特征。②进行检索点的规范标目，建立规范文档。③在“主题分析块”中著录分类号和主题词。④分析图书情况，如果是丛书或者多卷书，就要在“连接款目块”中进行总书名与子目项的连接著录。⑤在记录头标区、编码信息块、国际使用块、国内使用块中著录有关记录。⑥校对编辑数据，进行错误修改。⑦保存录入数据，将正确记录存入书目数据库。

第三章　中学图书馆的文献资源管理

第一节　中学图书馆文献资源管理的原则

图书馆文献资源是图书馆管理对象之一，是图书馆的固定资产，是人类社会的无价之宝，是服务读者的基本条件，是实现图书馆管理目标的重要因素。因此，文献资源管理是整个图书馆管理过程的重要一环。

文献资源管理就是通过文献资源利用的效果、文献资源的统计数据、文献资源评价等信息反馈，控制、调节文献资源，影响文献资源的补充、组织，使馆藏文献资源的形成过程处于最佳状态，保证文献资源建设有利于图书馆管理目标的实现。因而文献资源管理存在于文献资源形成过程之中，是文献资源建设的有机组成部分。

图书馆文献资源是图书馆的管理对象，是实现图书馆管理目标的物质条件。因此，文献资源管理的水平将影响中学图书馆管理的全过程。

要使中学图书馆文献资源管理处于一个优化过程，必须遵循一定的原则。这些原则应是图书馆文献资源管理过程中客观规律的反映，而不是某些管理人员主观意志的产物。它应适用于文献资源管理的全过程，是指导中学图书馆文献资源管理行为的准则。

一、适用性原则

就是图书馆收集、存储的文献资源要适应中学图书馆的类型、任务的需要，要适应所属服务范围读者对象的需要，要适应地区和单位的需要。

二、系统性原则

就是指文献资源的积累性、连贯性、完整性。它包含两层意思：一是指重点文献资源的系统完整，也学就是图书馆的文献资源要同相关科学的系统性、出版物的系统性、读者需求的系统性保持一定程度的一致性。对任何图书馆来说，由于原有的馆藏基础、经费的限制，要保持完全一致是不可能的，但对某些学科、某些出版物保持系统性，是可以而理且应该做到的，这就是管理水平与能力的一种表现。二是指全馆文献资源的相互联系有比例、成体系、系统补充、全面配套。这样就保持了文献资源的系统性，使图书馆文献资源管理有计划、有组织、有秩序、和谐地进行。

三、经济性原则

就是充分发挥全部馆藏文献资源的作用，高效率地满足读者对图书文献的需求。经济性原则具体体现为：一是最大效用原则，即图书馆采购和收藏的图书文献要最大效用地发挥作用；二是边际效用原则，读者必需的某些书刊出借率即使比不上某些普通读物流通率时，也不能为增加后者的入藏量而减少前者的入藏量；三是均等效用原则，各类书刊的入藏比例的分配要留有一定的弹性，对本馆读者的各方面需求，都要尽量照顾到，从而达到每位读者有其书、每本书有其读者的最佳状态；四是剩余效用原则，多余的复本和无法用上的文献资源，要在馆与馆之间进行交换，尽量使其发挥效益和作用。

四、互补性原则

任何图书馆由于经费限制和空间的限制，不可能把每年世界的出版物一概购全，甚至某一学科及相关学科的出版物也难以购全，然而读者的需求是多样的、无限的。为了解决这一矛盾，图书馆文献资源管理应采取互补性原则，互通有无，相互补充。

五、共享性原则

图书馆文献资源是人类的宝贵资源，为了推进人类社会的不断向前发展，应不受时间和空间的限制，广泛为人类所利用。

六、合理使用原则

一是合理使用图书购置费，首先保证基本图书和重点图书的购置，增加品种，减少复本，避免重购漏购；二是合理使用图书馆文献资源，既要充分使用，发挥其应有的作用，又要注意保护人类文化遗产，图书馆的文献资源不是一次性使用的消耗品，而是供长期反复使用的；三是合理使用图书馆文献资源的空间与设备，从图书馆的发展过程来看，藏书空间的增长总是赶不上藏书量的增长速度，为了解决这一矛盾，就要合理使用藏书空间。

七、分工协作原则

要用有限的图书购置费购置更多品种的图书，满足更多人的需要，就要开展图书馆之间的分工协作，建立图书馆网络，实现资源共享，打破封闭的各自为政的小天地。

要提高中学图书馆的馆藏文献资源的知识价值和使用价值，在上述原则的实施过程中，必须处理好以下几个问题。

第一，数量和质量的关系。

图书馆在文献资源建设过程中，既要注意文献资源的数量，也要重视其质量。文献资源的质量是指它的知识价值和使用价值。数量是质量的基础，一个图书馆没有基本数量的文献资源，就无法满足读者的起码需要，质量也无从谈起。如果文献资源的知识价值很高，却找不到它的读者，那么这种书也就失去了其使用价值，只有使每一种书的知识价值和使用价值都比较高，才能说明图书馆的藏书是高质量的。

总之，在文献资源建设中，只有处理好数量与质量两者之间的关系，才能更好地为读者服务。

第二，重点藏书和一般藏书的关系。

每一种藏书在中学图书馆范围内并不处于同样的地位，因此，要处理好重点藏书和一般藏书的关系。

有重点、成体系地搞好文献资源管理工作，是开展读者工作的需要，任何一个中学图书馆没有必要、更没有可能收齐各类出版物。中学图书馆应有重点、有选择地收藏所需要的书刊。一般来说，中学图书馆的馆藏文献资源重点应包括：与中学教学有关的各类参考书；中学各科测验试题答案、题解和学习指导书；和中学学生学习有关的科普读物；课外一辅导读物；与中学各科教学有关的字典、词典、年鉴、手：册、文摘、丛书、百科全书等各种专用工具书和综合性工具书。同时应适当照顾一般文艺读物、学习辅导读物、一般性杂志等一般文献资源，但对于一般性文献资源不强求有系统性、三连贯性的必要。复本书可根据各校的经费、学生阅读层次、师生阅读需要等实际情况决定。在当前中学图书馆经费紧张、理购书量有限的情况下，必然会出现品种与复本之间的矛盾，复T本量应根据读者借阅的集中程度以及有无长期使用价值而定，对学生需要的书刊，可以复本量多些，对教师使用的书刊、资料品种应多些。

第三，当前需要和长远需要的关系。

读者对图书的需求情况是由多种因素决定的。有些文献资源，如与教学有关的文献资料，一直有较多读者，有些文献资源则会因不同情况出现时冷时热的现象，因此，中学图书馆还要处理好当前需要和长远需要的关系。

文献资源建设的理想目标就是在不断发展本馆藏书量的同时，努力提高馆藏文献资源的质量，形成具有本馆特色的、精而不滥的丰富的馆藏资源体系。这是一个长期积累的过程，不可能仅通过一两年的大量采购就能达到目的。在图书馆的文献资源中，有些书在一段时间内流通率很高，而多数时间却在书架上闲置，不能为缓解一时的借阅紧张而多买此类书籍、资料。如各种复习用书在大考前明显比学期初利用率高；电台、电视台播放小说、电视剧时，原作品的借阅率就明显上升等。对中外名著可适当增加收藏量，因为它们大多数经得起时间的考验，是有生命力的，从长远看，不会造成永久性的无人问津，如巴尔扎克、大仲马、茅盾、巴金、老舍、鲁迅等人的作品，经受了时间的考验，多年来一直保持一定的借阅率，受到师生的欢迎。

第四，藏和用的关系。

中学图书馆的宗旨是“藏为用”，因此，要处理好两者的关系。

中学图书馆藏书的主要目的是供读者使用，发挥其使用价值，藏书只是使用的手段之一，为使用服务。把书保管得再好，放在书库里不出借，就失去了藏书的意义。收藏好、管理好，这是藏书中的藏与用的辩证关系，两者不可偏废。

总之，在图书馆文献资源建设中，在处理好藏书中的数量和质量的关系时注意书刊的当前需要和长远需要，在保证重点藏书的同时，适当补充一般藏书，运用科学方法来解决文献资源藏与用的矛盾，以便更好地为教学服务。

第二节　中学图书馆文献资源管理的结构体系

中学图书馆馆藏文献资源结构，是指依据图书馆的任务和读者需求，对多种藏书成分要求达到的收藏级别所安排的比重与构成。馆藏文献资源结构要受图书馆的性质和任务、服务对象和需求、馆藏文献资源基础及经费等因素的制约。

中学图书馆是学校书刊情报资料中心，是为学校教育教学和教育研究服务的机构，它的任务是利用书刊资料对学生进行思想品德、文化科学知识等方面的教育，指导学生课外阅读，促进学生德、智、体全面发展，积极为师生提供书刊情报资料和教学参考资料。根据中学图书馆藏书的范围、数量、水平及其需求程度，在五级藏书制中属第四级，即基础级藏书。这一级的藏书标准是：广泛精选各学科、专业、专题领域的基础书刊，代表性出版物，满足学生读者系统知识学习的参考资料，满足师生开阔眼界、涉猎广泛知识，增进文化修养的需要，达到初级水平。

一、加强文献资源建设，调整馆藏结构

丰富、合理的馆藏文献资源是做好图书馆工作的基础。随着教育改革的深入，从过去仅仅重视知识的积累和传递转变为重视智力的发展、能力的提高，使学生从知识累积型转变为在理解的基础上的创造型。这就不仅需要学生在课堂里学习，而且也要到课外去学习，包括到图书馆里学习。另外，课程、教材等随之

配套的改革，对图书馆的馆藏文献资源结构提出了新的要求。

在文献资源建设中，首先，既要有充足的与各科教材配套的教学参考书和复习资料，又要有适量的科普、文艺等方面的书籍。其次，既要有适合一般同学阅读的科普读物，还要有一些专业性较强的书籍，满足学生中不同兴趣和特长发展的需要。第三，不仅要有一定数量的政治理论性读物，以满足开展德育工作的需求，又要有适当比例的实用型、技能型书籍资料，以适应劳技课等方面的需要。第四，在文献资料补充中既要面向广大学生读者，又要为在教育改革中起关键作用的教师们选配一定数量的教学参考书和业务进修书籍。第五，在调整馆藏文献资源结构过程中，不仅注重图书资料建设，还要配备适量的非图书资料（如音像资料等），以满足师生们视听教学的需要。

二、合理实用的文献资源馆藏体系

（一）文献资源的最佳数量

馆藏文献资源数量是图书馆规模的主要标志。原国家教育委员会年颁布的《中学图书馆（室）规程》）（以下简称《规程》）规定的中学图书馆最低藏书量标准如表3–1所示。

表3–1　中学图书馆最低藏书量

项目	完全中学		高级中学		初级中学	
	1类	2类	1类	2类	1类	2类
人均藏书量（册数）（按在校学生数）	45	30	50	35	40	25
报刊种类	120	100	120	100	80	60
工具书、教学参考书种类	250	200	250	200	180	120

在全世界科学技术及文化取得了前所未有的飞速发展中。作为知识载体的图书文献数量，每年都在急剧膨胀，作为中学重要组成部分的图书馆，虽然每年要采购一定数量的新书，但受馆舍容量和经费的限制，藏书量不可能无限地增长，而且也没必要长期保存那些陈旧过时、复本过多、流通率低和流通过程中残破的书刊。根据教育部的有关规定，城市中学图书馆的藏书定额是：图书室的藏

书量为2.7万～6万册，人均30～40册。根据XXX教育局的统计，按一个双面书架占地面积1.5平方米、藏书800册计算，当时全区初级中学的馆舍面积平均可藏书2.9万册，完全中学可平均藏书4.2万册，重点中学可平均藏书6.7万册，可藏书量略高于教育部关于城市一般中学藏书量2.7万～6万册的要求。因此，一般认为，城市中学的藏书量初级中学为2万～3.55万册，完全中学4万～5万册，重点中学7万～10万册的藏书标准较为适宜。

（二）文献资源的馆藏范围

任何一个中学图书馆的藏书，首先要确定收藏范围，《规程》规定：图书馆（室）的藏书，应包括有益于青少年身心健康发展的各类图书和报刊及供教师使用的教学参考书、教育、教学研究的理论书籍，中学图书馆（室）应备有应用型的书籍。

随着教育改革的不断深化，中学图书馆的馆藏范围主要是以下几个方面。

1. 学科的收藏范围

各学科都要备有一定藏书及文献资料，其中主科可适当多收，副科可适当少收；中学教学参考资料要多收，而大学、中专教科书刊也应适量收藏；专指性的应多收，相关、交叉、边缘性学科的也应适量收藏。

2. 出版物类型的收藏范围

中学图书馆以收藏印刷型出版物为主，随着现代化教学手段在中学教学过程中的逐步普及，也应逐步增加对音像资料等非印刷型出版物的收藏。由于学校的音像设备多归口科学馆或电教室使用，因此，为了方便利用，音像资料应由图书馆入藏分编后移交科学馆或电教室一保存、管理和使用，或由科学馆附设一音像资料室隶属于图书馆管辖也可。

3. 语言文种的收藏范围，中学图书馆外文书刊的用途

图较少，可极少量备用。外语教材应适量收藏。各级别程度的外语对照读物入藏量应充足。外文工具书则一定要丰富。尤其注意搜集版量较罕的文种工具书，如俄语类。

4. 水平的深度范围

中学图书馆没有服务科研的任务，专业性极强的书刊以前不太注意入藏，自

中学实行职称评定制度以来，因撰写论文需要使图书馆的利用率大为提高，对资料的要求也严格了，要专、精、全、新。因此，入藏时应认真优先考虑这一需求，注意入藏相关的教参、教改书籍、论文集、科研专著，以及高校教材，甚至二次、三次文献，以满足教师的专指性需求。

（三）文献资源的馆藏比例

在中学图书馆的文献资源馆藏比重中，应该注意两个比例：即重点藏书与一般藏书的比例，学生用书与教师用书的比例。

1. 重点藏书与一般藏书的比例

重点藏书是根据图书馆的主要社会任务和主要读者对象的需要选配某些学科、专业或专题范围内系统完整的书刊资料。它是馆藏范围中的核心部分和主体部分，反映藏书个性，代表藏书的发展方向。中学图书馆的重点藏书是：广泛收集教育、教学、教育改革、教学研究等领域的文献资源，比例应占藏书总数60%左右。一般藏书是指馆藏范围中重点藏书以外的所有藏书，它包括读者学习提高所用的基础书刊、普通参考工具书、文艺书刊和通俗科普读物等，其比例应占藏书总数的40%左右。

2. 学生用书与教师用书的比例

学生用书应占藏书总数的70%左右，教师用书应占藏书总数的30%左右，因为学生读者是教师读者的若干倍。根据中学图书馆的任务及服务对象的需求程度，一般可按照以下原则考虑藏书范围和比例。

收藏具有明显的职业特征、学术特征的有关教育、教学、教改、教育动态、政策、文件、法令等方面的文献资料。如各科教学参考书、教学法、优秀教师手册、优秀教案、先进教学法、课堂教学纪实、教育教改方面的优秀论文、各科试题汇编、训练单元、手册、各科升学考试试题及反映教育最新信息的资料等。这部分文献资料属于重点藏书，应占藏书总数的60%左右为宜。

收藏与学校教育教学及工作有关的各种工具书。如字典、辞典、教育年鉴、手册、类书、百科全书、目录索引等工具书，占全馆藏书的10%左右。

收藏一些有共性的、具有教育性、有特点的有关学科领域的书刊，如马列毛邓著作、哲学、社会科学、美学、心理学有关前途、理想、人生、革命传统、高尚道德情操教育等政治方面的文献资料，以实施中学图书馆对学生的教育职能，这部分文献资料应占全馆藏书总数的5%左右。

收藏一些优秀文学著作，满足学生阅读有一定思想性及艺术性的优秀作品，丰富文化生活，陶冶情操的需要，如中外名著、名人传记、历史故事、侦探推理小说、优秀诗歌散文等。

收藏一些科幻小说、知识天地等一些普及读物，使中学生开阔眼界增长知识，进入丰富多彩的知识世界，满足他们的课外阅读的需要，这部分文献应占10%左右。

这五部分的藏书比重，基本能满足中学生及教师的阅读学习研究的需求。他们可以通过学习阅读大量内容丰富的藏书来充实自己的精神与知识世界。

（四）文献资源馆藏品种与复本

图书品种、复本、复本率，是藏书数量与质量、藏书范围与重点的具体化。中学图书馆文献资源的品种可以多样化，但一般来说有以下三类。

1. 工具书类

中外字、辞典，各类教育教学手册、年鉴、百科全书，有关图册、统计资料、索引等。

2. 读物类

各科教学参考书，文学艺术、社会政治、自然科普读物，劳动技术、职业教育读物和有关自学丛书等书籍。

3. 报刊类

报纸（包括学生用报）和各类有关的思想文化、自然科学及综合性杂志。

有条件的学校还可逐步添置各种教学的幻灯、录音、录像等视听资料。

为了满足读者的需求，保护人类文化遗产，把分散的每册图书集聚起来，经过一定时间的积累，逐渐形成一个相互联系的有机整体，是建立一个合理实用的图书馆文献资源馆藏体系的目的所在。中学图书馆要注意在长期的收集积累中，注重对馆藏文献的数量、比例等因素的调整和控制，以求形成完整而有特色的文献资源馆藏体系。

第三节　中学图书馆文献资源的组织与管理

要建立一个最佳的文献资源馆藏体系，除了藏书保证有一定的数量与质量以外，还要进行科学的组织与管理，使其成为一个动态的有序整体。文献资源组织管理作为文献资源建设基本内容之一，要求把收集入藏的图书文献按照一定的要求，进行划分、布局、组织、管理，从而达到图书文献长期完整保存，最大限度地充分有效利用。特别在目前各类出版物数量剧增，而图书馆经费有限的情况下，中学图书馆有必要在文献资源的组织管理上开辟新的思路，以期达到及时反映科技新动向、新成果，千方百计为拓宽读者的知识视野服务。

一、合理布局馆藏文献资源

文献资源布局，也叫文献资源划分，是将馆藏文献资源区分为相对独立又相互联系的系统，建立各种功能的书库，为每一部分文献资源确立合理的存放位置，以便保存和利用。馆藏文献资源布局的基本要求是方便存放、方便排检、方便利用。

根据我国中学图书馆的实际情况，现阶段的藏书规模都不大，一般在数万册到十几万册之间，甚至还有更少的。况且以我国当前的国力来看，在近期内绝大多数中学图书馆都不大可能发展到很大规模，因此，中学图书馆的馆藏文献资源布局不一定沿袭大中型图书馆所采用的“三线藏书制”布局体制，所谓“三线藏书制”，即根据文献资源的利用率、新旧程度和服务方法划分成辅助书库（一线）、闭架或半开架的辅助书库（二线）、典藏书库（三线）三个层次。

我国中学图书馆传统的馆藏文献资源的划分方法，是按读者对象划分，例如划分成教师书库、学生书库、教师资料室、学生资料室、学生阅览室等各个不同的部门开展读者服务工作。这种按读者对象划分的方法，虽出于使馆藏文献资料更具针对性，减少不同类型读者间不必要的相互影响的考虑，然而从实际应用的效果上看，却存在较大的弊病。

中学图书馆的服务对象主要是教师和学生两个读者群。师生间教与学的关系，构成整个中学教学过程中的基本矛盾的两个方面，两者对立统一，不可分割。教师读物一般侧重于如何使学生能更好地掌握所学知识，而学生读物则侧重于对所学知识完整、准确、灵活地掌握和运用，但两者在藏书学科内容上没有根本的冲突，而是有一定的相互促进的作用。

随着教育改革的不断深入发展，我国中学教育的体制和培养方向正逐步由“应试教育”向“素质教”转轨，在这种形势下，中学图书馆应为积极鼓励学生在全面发展的基础上学有专长，培养学生的创造性思维能力创造条件。体现在藏书。

划分上，没有必要拘泥于针对“教”和“学”的需要来划分，而可以采用全面体现图书馆馆藏文献资源的分学科或分专题的形式，为全体读者服务。这样做的好处，既有利于扩大学生的知识视野，培养学有专长、具有创造性的人才，也有利于教师了解学生的学习志向、兴趣，有的放矢地开展教育，并促进教师的知识更新，变相互隔阂为相互促进。

目前一些中学图书馆采用教师书库、教师资料室向部分优秀学生开放的方法，或者教师资料室与学生资料室合二为一，错开时间向全校师生开放的方法，都不失为冲破按读者对象划分藏书的框框的有益尝试，深得师生的欢迎。

二、合理排列馆藏文献资源

对图书馆收藏的文献资源进行合理的排列，可以充分利用书库的阅览室的空间，在有限的面积内尽量多储存图书资料，同时，合理的排列又有利于读者对馆藏文献资源的利用以及图书的长期保存，从而最大限度地节约人力、物力和财力。

所谓馆藏文献资源的排列，即将馆藏文献资料有序地存放在书架上，并形成一定的检索系统。藏书排架方法按照出版物的特征标志可分为两种类型：第一类是内容排架法，以出版物的内容体系为标志，包括分类排架、专题排架，其中以分类排架为主；第二类是形式排架法，以出版物的形式序列为标志，包括字顺排架、固定排架、登记号排架、出版序号排架，以及文别排架、年代排架、书型排架等。各中学图书馆应根据本馆的实际情况选择某种合理的排架方法。

三、调整阅览与外借的比例

图书馆的馆内阅览和馆外流通是两种不同的读者服务方式。现阶段，由于受传统观念的影响，中学图书馆把馆外流通作为主要的读者服务工作，而对馆内阅览工作较为忽视，甚至将之处于可有可无或仅作点缀的状态，一定程度上也加剧了馆藏与需求的矛盾。

中学图书馆由于经费限制，即使是读者较多的出版物，也难以保持较多的复本数量。如果只采用外借的方式，新购的一册书，在每个读者按期归还、连续出借的情况下，一年也只能解决几十人次的需求。而馆内阅览可以不用复本或通过较少的复本，在短期内满足较多读者的阅览需求。这样就有可能腾出部分用于购买复本的经费购入较多品种的图书文献，从而在同样的经费条件下，达到拓宽馆藏知识覆盖面的目的。

馆内阅览采用不外借的方法，可以较稳定地反映馆藏的全貌，减少拒借的现象。一部分不宜外借而读者难以见面的具有较高参考价值的大型丛书、工具书、参考书等，可以从封闭或半封闭状态中解放出来，发挥其应有的作用。

馆内阅览还便于沟通读者与图书馆工作人员之间的联系。由于它直接贴近读者，能及时得到读者的反馈，有利于及时改进图书馆的各项工作，进而为阅览、目录、咨询服务相结合，改被动服务为主动服务，为开展信息服务、咨询服务、复制服务、检索服务、定题服务创造条件。

当然，馆外流通也有着便于读者利用时间，便于深入研究，不受时间、空间的限制等特点。但由于馆内阅览有着更多的长处，尤其在一定经费条件下缓解图书文献与读者需求的矛盾的作用，它日益受到读者的欢迎，同时也体现了图书馆建设的发展趋势。因此，中学图书馆有必要适当压缩馆外流通，而花较大的精力着重办好阅览室，以馆内阅览为中心开展图书馆的各项工作，把阅览室办成中学图书馆为读者服务起主要作用的前沿阵地。

四、建立阅、借、库相结合的文献资源布局体制

目前，中学图书馆虽然藏书规模不大，但基本上是沿袭了大中型图书馆藏书布局的模式，造成阅览与外借独立，教师与学生分离，越来越不适应现代化建设培养有用人才的需要。因此，根据中学图书馆的实际，建立一个以开架形式的阅览、外借、书库相结合的馆藏布局新体制是可取的。

在这个新体制中应该充分认识到馆内阅览是中学图书馆开展读者工作最主要的一个环节。分科设置阅览室，实行开架阅览服务，是现代图书馆服务体制的发展趋势。要以分科或专题来组织图书文献，开架服务，使书刊直接与读者见面，充分提高馆藏文献资源的利用数量、利用速度、利用频率和利用深度，以发挥阅览服务的最大优势。

藏书的收集要能够体现现代科技的新发展、新动向的需要。复本首先要服从必要的品种，深度也要注意最好能适应或略高于学生的阅读水平。

对于复本允许的中长篇文学作品、需要深入研究的科技读物及篇幅较长的图书文献等，可以限期外借作为补充，以方便读者不受馆内时间和空间的限制。但这只是在较好地完成馆内阅览工作的前提下进行。

在馆藏文献资源的布局上，阅览、外借和书库可以有机地结合，书库与阅览、外借相离又相连，便于读者阅览外借，也有利于图书馆开展各项工作。

五、馆藏文献资源的保护和清点

中学图书馆的馆藏文献资源是国家、社会和中学的知识财富，是图书馆长期收集、整理、系统组织的文化珍品。它不仅要发挥现实的作用，其中具有长久使用价值的出版物，还将在相当长的时间内发挥作用。因此，保护图书馆馆藏文献资源的安全，延长使用寿命，保证馆藏文献资源系统、完整、长久地为读者利用，也是中学图书馆文献资源管理的重要内容之一。

图书馆馆藏文献资源损失发生的原因包括自然原因和人为原因两方面。其中，造成出版物提前老化、损耗的自然原因主要是缺乏必要的自然条件和人工条

件，加之周围环境各种有害物质的催化与侵蚀所致。一切水、火、虫、鼠、病菌都是图书文献无法抵御的天敌。延长藏书载体的使用寿命依赖于图书馆为它创造必要的保护条件。科学的保护条件包括适当的温度、湿度、光照度、通风度、清洁度等。缺乏保护手段或不合理的保护方法，会减弱或破坏藏书载体材料的性能，加速衰变过程，缩短使用寿命，过早地发生脆裂、发黄、折卷、开胶、脱落、霉烂和变质等现象，无法再利用。

此外，由于图书馆管理不善、法规不完整，或某些读者个人行为不正、馆员责任心不强，也会造成图书馆馆藏文献资源的丢失和其他损耗，这是馆藏文献资源损失的人为原因，应通过加强管理来解决。

文献资源清点是中学图书馆馆藏文献资源管理的一个重要环节，是一项工作量大、技术性强的活动。清点的目的，总的来说是为了保护国家和中学的财产免受损失，保证馆藏文献资源长期完善地保存，充分有效地利用。具体地说，清点的目的包括两个方面：一是摸清家底，做到心中有数；二是发现问题，改进工作。通过清点，要做到图书、目录卡片和财产账三者一致。

馆藏文献资源清点是一项复杂而细致的工作，必须有组织、有计划地进行，包括清点之前制定清点计划，并做好催还图书、整理书架和排架目录、集中分散的图书等必要的准备工作，为方便读者，清点工作一般不应闭馆进行，可采取分区、分库、分类的方式进行，使清点工作细水长流，做到经常化、制度化。

中学图书馆阅览、外借、书库三结合的馆藏文献资源组织管理体制，以分科或专题的馆藏文献资源划分，以阅览室为中心开展读者服务工作，将全部馆藏尽可能面向全体读者，尤其是学生开放，从而以有限的经费，最大限度地扩充图书文献的品种。尽管这种设想要求读者有较多的时间进图书馆，但随着考试压力的减轻，师生进图书馆求知会成为更加自觉迫切的要求，中学图书馆这种馆藏文献资源组织管理是会受到他们欢迎的。

第四节　加强馆际协作与实现资源共享

近年来，我国中学图书馆事业有了很大的发展，不仅在建馆（室）数量、藏书量、基础设施、工作人员业务素质、业务工作规范化等方面有较大的改善和提高，而且在馆际协作协调活动方面也有显著的进展。从整体上看，我国中学图书馆已经从各自为政的孤立封闭的“单干”状态，发展到初步形成以地区性的系统组织开展协作协调活动。这些地区性的中学图书馆协作协调活动，对我国中学图书馆事业的发展，起到了很重要的推动作用。

一、历史回顾

我国最初的中学图书馆协作组织，是在各地公共图书馆业务辅导部门组织下的网片小组。1966前，一些大中城市的公共图书馆业务辅导部门就组织过包括各种类型基层图书馆（室）的协作网。大约在20世纪70年代中后期，一些大中城市的公共图书馆业务辅导部门开始在1976年后重新组织分区分片的基层图书馆协作网基础上，按系统组建中学图书馆协作组织。由于公共图书馆对中学图书馆只是业务辅导关系，没有行政约束力，各地教育局多数是在公共图书馆的促动下被动地配合、支持中学图书馆的协作活动，因而此时的中学图书馆协作组织及其活动还没有引起各地教育主管部门足够的重视。到了20世纪80年代初期，随着中学图书馆协作活动的加强，对中学图书馆工作的促进作用日益显露出来。逐步引起了各地教育主管部门的重视。1980年杭州市教育局把图书馆工作列入年度工作计划，成为教学工作不可分割的一个重要方面。同年11月，天津市教育局颁发了《天津市中学校图书馆（室）暂行工作条例》，条例中明确指出了建立中学图书馆网络，搞好馆网活动以及图书馆协作网的任务，1981年6月，教育部向全国各省（自治区、直辖市）教育厅（局）转发了这个条例。1982年2月，上海市教育局颁发了《关于整顿加强中学图书馆工作的意见》，提出区、县教育局要加强对学校图书馆工作的领导。

1991年8月，原国家教育委员会正式颁布了《中学图书馆（室）规程》，使各级教育行政部门和学校领导更加重视图书馆工作，从而也使中学图书馆的馆际协作协调活动得以更加广泛深入地开展。

二、实现中学图书馆资源共享的意义

图书馆网是近代图书馆事业发展的产物，是传统的图书馆间互相合作、联合的扩大和发展，它使分散在各地区、各系统的各种类型的图书馆紧密地组织起来，统一领导、统一规划、统一行动，形成一个既有分工、又有协作、纵横交错、脉络贯通的图书馆体系。建立统一的图书馆网络，有助于实现图书馆工作现代化；有了一个统一的图书馆网，才能对全地区乃至全国范围内的图书资源进行合理的分配和共同的利用。同时，馆际合作是资源共享的前提，资源共享范围的扩大和发展，必然要求图书馆间开展多种多样的合作。

图书馆资源共享是指图书馆之间相互分享各自的资源，为读者或用户提供更多的服务。美国匹兹堡大学教授肯特发展了这一定义，他认为：资源共享是图书馆的一种工作方式，即图书馆的全部或部分功能为许多图书馆所共享。而图书馆的功能又可分为采访、加工、存储和流通服务等。他还认为图书馆资源不仅指藏书，图书馆拥有的人员、设备、工作成果等都是资源，因而也可以某种方式为许多图书馆所共享。所以，从广义上讲，图书馆的各种功能，包括采访、加工、存储、参考咨询和流通服务等都可以进行馆与馆之间的合作，实现资源共享。

中学图书馆的馆际资源共享，既是科学文化发展和教育教学的需要，又是中学图书馆自身发展的必然结果。人类知识总量的增长，随之而来的是出版物按指数比率激增，这就使任何一个图书馆都不可能将全部出版物收集齐全，必须依靠中学图书馆界各种形式的合作，才能满足师生的不同需求。同时，随着科学领域的不断扩大，产生了许多分支学科和专业，与此同时各门学科又相互交叉、相互渗透，产生更多的边缘学科和综合学科；此外，随着师生对获取和利用图书情报意识的增强，对图书馆的依赖性日益增大，专指性更强；近年来，书刊价格不断上涨，必然导致师生个人购买能力的下降，使得个人的知识需求更多地转向图书馆。所有这些使得中学师生利用图书馆的需求更加迫切，而中学图书馆又普遍面临着经费不足的问题，要完全依靠自己的藏书来满足师生各种各样的需求是不可能的，因而对资源共享的要求更加迫切。

当前在文献数量剧增的情况下，各中学图书馆共同面临着财力紧张、购书量下降的严重困境，因此，加强协作协调，实现书刊资源共享是中学图书馆发展的必由之路。

（一）为进一步发挥中学图书馆的作用创造条件

中学图书馆担负着帮助教师培养合格人才的任务，它通过图书文献和特殊媒介帮助教师搞好教学科研，引导学生树立正确的人生观，扩大知识累积，不断激发同学们的学习热情和积极性。可是，从中学图书馆的现状看，分散落后，各自为政，资金不足，书刊量少，藏书质量不高，部分中学图书馆远远不能满足师生的读书要求。从藏书量看，有的馆仅有几万册，甚至几千册，而且内容陈旧，大多是1985年前出版的书。近年来，学校用于购置图书的经费虽然有所增加，但由于书价上涨，从而难以及时购置较多的新书，这严重影响了各校图书馆作用的正常发挥。因而加强协作协调，实现资源共享是充分发挥中学图书馆作用的条件之一。

（二）提高书刊资料的利用率

目前，中学图书馆普遍存在着馆藏资源利用率较低，这对有限的资源来说是一种浪费。这种状况应设法改变。有些校馆用昂贵价格购置的书刊，只是少数专业教师偶尔一用，其利用率极低；有些兄弟校馆相距很近，但图书资料却因“各自为政”而不能互通有无；少数图书馆习惯于几十年一贯制的“闭门办馆”，追求“小而全”，满足于自给自足；也有一些经费较充裕、藏书较丰富的重点学校的图书馆存在着“肥水不流外人田”的本位意识，把一些使用价值很高的珍贵教学科研资料垄断在手，不愿让他人共享。要减轻目前中学图书馆经费普遍紧张的压力，从根本上改变书刊资料利用率低的现状，一条可行之路就是要打破现行的“各自为政”“闭门办馆”的旧体制，坚持“开门办馆”的方向，建立中学图书馆的协作网络，实现书刊资源共享。

（三）节省购书经费，扩大收藏范围，增加收藏品种

中学图书馆面对教师和学生两大类读者，他们需要有一定数量、种类的图书资料来不断地补充知识，而现代社会科技迅猛发展，出版物数量激增，任何一个学校图书馆都无法全部购置。中学图书馆经费有限，任务又很重，协作网通过协作协调，互通有无，达到资源共享。

建设图书馆协作网，首先要建立一个协作协调委员会，该委员会由教育局行政部门、公共图书馆组织协调，各校馆作为委员会成员馆，参与讨论、修订协作协调采购方案，使其充分发挥作用，不断适应形势的发展。

各成员馆应根据协调方案，确定本馆的收藏范围，确保书刊文献的收藏。各馆应将本馆收藏的文献视为协作网内整体藏书的一个部分，不得无故删减收藏范

围内的文献资料。通过编制联合目录，发放联合通用借书证，以达到资源共享，提高书刊利用率之目的，使各协作馆通过有重点、有特色的收藏，逐步使馆际之间形成互补关系。通过资源共享，不仅节省了购置经费，使各馆有限的经费得到合理利用，还给各校馆增加了收藏品种，扩大了收藏范围。

三、实现中学图书馆资源共享的可行性

（一）建立中学图书馆网络协作组是实现资源共享可行性的基础

目前，各地区已相继建立了中学图书馆协作网，它是教育行政部门贯彻上级指示而成立的常设而又是业余的机构。各协作组、各校馆年初有计划，年终有总结，协作组每月举行一至二次例会。建立这样一个网络协作组，既能增加各成员馆的馆际协作意识，又能保证资源共享的各项制度的顺利实施。一旦在网络内实现了资源共享，变“小而全”的单一馆藏为分工协作的群体馆藏，便可以获得不用增加投资就能大幅度提高书刊资料利用率的显著效果。

建立一个以协作网为中心的“协作协调委员会”。该委员会由所在区域的公共图书馆辅导干部及各中学图书馆协作组组长及部分学校图书馆专业技术人员组成，其主要职责是负责各馆共享书刊资料的分工收集和联合编目的编制等业务指导；负责协调和沟通共享资源在馆际之间的交流；负责与外区及外地图书馆网络信息联系和资源交流，使其成为名副其实的进行馆际之间业务协作和资源交流的枢纽。

（二）抓好中学图书馆的基础业务建设是实现资源共享可行性的保障

中学图书馆协作网活动内容之一就是组织图书馆工作人员认真学习业务知识，以期通过学习、研讨，培养出一支业务熟练的图书馆工作者队伍。由于各成员馆在业务上基本实现了规范化，就为“协作协调委员会”编辑联合目录，建立教学参考资料打下了坚实的基础，为更好地实现资源共享提供了可靠的保障。

四、实现中学图书馆资源共享的保证性

（一）教育行政部门的支持是实现资源共享的关键

中学图书馆肩负着为教育、教学服务的重任。在受经费和藏书等方面的制约，不能很好地满足教学需求的情况下，走资源共享之路是非常必要的。但是，由于长期以来陈旧的思想观念的障碍，以民间自发的形式实现中学图书馆资源共享的可能性甚微。因此，只能由上级行政管理部门出面协调，确定各校馆都能接受的协调方案和有关规则，只有这样，才能使中学图书馆的资源共享成为可能。所以，上级教育行政管理部门必须全力支持中学图书馆的各项工作，保证图书馆工作人员业务素质的不断提高，并为他们提供各种参加业务培训的机会，以确保实现资源共享之路的畅通。

（二）严格执行协调采购原则，保证购书经费的合理使用

制定了采购协调原则，各成员馆都应严格按照原则中收藏的范围，采购书刊文献，这是保证资源共享得以实现的基础。各校馆必须和本校教育行政主管部门协作协调好，以保证购书经费的专款专用，把本馆的藏书视为整个协作网藏书的一部分，不应因为一个馆少购或漏购书刊而影响整体藏书的系统性和完整性，最终使资源共享之路夭折。

（三）必须建立馆际互借规则，发放馆际互借联合阅览证

建立馆际互借规则，发放馆际互借联合借阅证，便于各地区中学图书馆协作组织成员馆之间互通有无，开展教学资料的补充交换、互相利用。

五、协作组织形式

目前，全国有许多省（自治区、直辖市）都不同程度地建立了中学图书馆协作协调组织。其中部分建立了省级协作组织，更多地建立了市级或区县级协作组织。这些协作协调组织基本上有三种形式。

第一，教育行政主管部门、公共图书馆、中学图书馆代表三结合共同领导的

协作组织。

这种类型以杭州市的中学图书馆（室）协作网为典型代表，它是由教育局、文化局和市图书馆、学校图书馆代表组成领导小组，统一组织、统一领导中学图书馆协作组织，领导小组负责制定全年工作计划，组织协作网的各项活动。协作网按地区分片进行活动。

第二，以公共图书馆为业务指导，在教育行政主管部门统辖下的协作组织。

由国家教育委员会下属的教育局中教科（处）或教育技术装备站（所）直接领导，公共图书馆业务辅导部门负责业务指导和辅导的中学图书馆协作组织是现有协作组织中最多见的三形式。例如开封市的中学图书馆协作组、石家庄市的中学图书*馆工作委员会、乌鲁木齐市的中学图书馆网、青岛市的中学图学书馆协作网、厦门市的中等学校图书馆协作组、常州市的中学图图书馆协会等都属此种情况。

第三，隶属于专业学术团体的中学图书馆协作组织。

这种类型的组织以上海市中学图书馆学会、山东省图书理馆学会中学专业委员会、四川省图书馆学会中学小组等组织为代表。

实践表明，上述前两种组织形式行政约束力较强，能够得到各级教育行政领导的支持，有利于协作协调工作的开展。教育主管部门重视和加强中学图书馆建设，引起各校领导对图书馆的重视，中学图书馆的各项工作，包括馆际间的协作协调活动就能顺利地开展。教育主管部门还可以在经费、设备上对协作组织的活动给予支持。第三种形式隶属于图书馆学会，业务指导性、学术研究的作用较强。以上几种形式的中学图书馆组织并不相互排斥，有些地区多种形式的协作组织兼而有之。

我国中学图书馆之间的协作协调活动目前仅仅是初步的，主要是在一些大中城市开展。农村（郊县）中学图书馆（室）在协作协调方面还很薄弱，大多数尚处于空白状态。阻碍中学图书馆协作协调工作全面深入开展的因素很多，其中中学图书馆的地位和作用、经费问题是很关键的。尽管存在诸多困难和问题，但我国中学图书馆协作协调工作毕竟有了一个良好的开端，应该说其前景是很美好的。而且，随着我国经济建设和教育改革的不断深入发展，中学图书馆将成为开放性的教学组织模式中极其重要的一环，其地位和作用会日益提高，物质条件也会逐渐得到保障，因此说，我国中学图书馆的协作协调活动将有更大的发展。

第四章　中学图书馆的硬件建设和馆员队伍建设

第一节　中学图书馆的硬件建设

教育部曾对中学图书馆的馆舍、家具与设备做过如下规定："城市中学校图书馆建设标准应不低于现行《城市普通中学校校舍建设标准》的规定，有条件的学校可建立独立的图书馆。电子阅览室生均使用面积不低于1.9平方米。农村中学校图书馆的规模由各地教育行政部门结合实际情况参照上述标准制定。图书馆应有良好的避风、换气、采光、照明、防火、防潮、防虫等条件。"还规定："图书馆应配备书架、阅览桌椅、出纳台、报刊架、书柜、目录柜、文件柜、陈列柜、办公桌椅、装订设备、安全设备等必要的设施、设备，并有计划地配置复印、声像、文献保护、计算机（网络设备）、扫描仪、刻录机、打印机等设备。图书馆要设置藏书室（包括学生借书处）、学生阅览室、教师阅览室。有条件的学校可按学科分类设置阅览室和电子阅览室、电子资料室、多功能学术报告厅等。"

此后，许多省市的教育行政部门结合各地的实际情况，对中学图书馆的面积、家具、设备的数量与规格等都做了一些原则性规定。各地中学图书馆的建筑和装备有了较大进展，但与相关规定所要求的相比，差距还很大，特别是西部地区和农村地区。

硬件建设包括馆舍、家具与设备等内容，馆员队伍建设包括馆员的责任与素质、人员配备、馆员的专业发展等内容。

一、馆舍

中学图书馆的馆舍建设除了在面积上应争取达到教育行政部门规定的标准外，还应遵循以下原则：

（一）适用性

适用性体现在读者与管理人员两方面一适合读者使用与适合馆员管理。

首先是方便师生利用，在选址上应选择在全校的中心地带，便于师生前往利用，而且环境要幽静，最好远离操场、音乐教室等，以免受到干扰。在阅览室、书库和办公用房的布局上要体现完善的功能、合理的布局、便捷的流线、齐全的设施等人文关怀，保证师生都能够顺畅、快捷、充分地利用文献信息资源。其次是为图书馆管理人员提供良好的工作环境，使之能方便高效地为读者服务。图书馆的设计很重要的方面是对于服务管理模式的设计与选择。通畅大空间的格局，开架为主，藏书、阅览结合布置已广为接受。教师读者和学生读者的出入口如何设计、如何管理，是否要设门禁系统；读者能否将书包带进阅览室；借还书手续是集中办理还是分散办理，或是集中办理与分散办理相结合；工作人员及图书的出入口如何安排，这些问题都要详加研究。多址办学的学校，各校区的馆舍设计要满足各校区的办学需要。

条件相对较差的中学，其图书馆馆舍建设的适用性只需符合中学图书馆的职能要求，能够完成图书馆的各项任务即可。中学图书馆与其他类型图书馆最大的区别在于功能合一，同时满足图书馆藏书、阅览与行政办公用房的不同功能要求。或者说在空间和面积有限的情况下，设计好功能分区，不同区域从安全、温度、湿度、通风、采光等方面分别满足藏书、阅览、行政办公的要求。解决好读者路线、图书路线与工作路线的关系。“读者路线”即读者入馆借阅的活动路线，又称读者流。要尽量使读者能够“进馆见书”，迅速到达借书处和阅览室。“图书路线”即图书从进馆、验收到加工、入库、阅览等的流水线，又称书流。要尽量做到书流与读者流分开，不交叉干扰。“工作路线”即工作人员的业务活动路线，应尽量避免同读者流交叉，防止受读者流的干扰。

（二）美观性

图书馆作为公共文化建筑，要充分考虑文化特质与大众审美情趣。图书馆建筑之美，包括外观造型与内部装饰，要讲究外形神韵兼备，富有文化内涵。中学图书馆往往是地区教育、科学、文化的象征，在馆舍建筑上，应体现出它是学校的学术活动中心和校园文化中心，能给读者以美的享受，对读者具有感染力和吸引力，从而使图书馆成为提高学习效率、启迪读者思维、引导读者寻求知识、帮助读者学习和研究的场所。馆舍总体应以文雅为上，而不求富丽堂皇，更不应怪异，防止追求某种造型美而损害内部功能与布局，防止因求外形特别而造成通风、采光不良。中学图书馆作为校园文化建筑的一部分，在设计上应做到以下几点：①与学校的整体建筑风格一致，同时带有标志性建筑的醒目特点。②反映学校文化底蕴，内部环境布置上要体现学校文化的统一标识。③引导青少年的审美追求和文化品位。④环境设计上符合不同年龄青少年的生理、心理健康要求。⑤审美情趣上体现尊师重教的价值取向。

（三）节约性

1. 节约经费

经济性永远是图书馆建筑的基本要求之一，要贯彻节俭的方针，讲究投资的有效利用，设计时要遵循国家有关建筑节能方面的规范。中学图书馆馆舍以适用朴实为宜，不应盲目追求规模大、高投资、超豪华，更不应攀比。节约经费包括节约土建、设备投资和节约管理维护运营费用两个方面。

2. 节约人力

应当十分重视节约人力。在规划设计之初就要测算图书馆建成开放之后需要多少工作人员来为读者服务，每个空间需要多少人员来管理和维护，要着重研究如何布局才能在很大程度上节省管理力量。服务管理模式会影响管理人力的多少，这在设计时需要结合起来研究和确定。比如去除不必要的分隔，或者采取软性分隔的方式；尽可能设计连续开敞的大空间，比如采取辅助书库、藏用一体的设计方式，通过这些办法节省管理人力。

3. 节约时间

中学教师平时教学任务繁重，利用图书馆的时间是有限的；学生学业紧张，利用图书馆的课余时间也是有限的，即使到图书馆完成课堂教学，时间安排也是很紧凑的。所以中学图书馆的设计必须充分考虑节约读者时间。尽可能减少读者在各个功能区域的交通时间。比如目录柜和计算机检索系统最好放在进馆入口处，以减少师生找书的盲目性。教师活动的区域与学生活动的区域要各自相对集中。整体设计上要简约，充分利用好楼道、大厅等公共区域，发挥图书馆的教育功能。

二、家具与设备

（一）家具与设备的配置标准

家具与设备的配置应遵照各地办学条件标准的有关规定实施。

如北京市教育委员会根据教育部相关文件，并结合本市中学的实际情况，组织制定了《北京市中学校办学条件标准细则》（以下简称《细则》）。《细则》以学校和班级的适宜规模为基准，对中学各学科的专用教学仪器设备、现代教育技术设备、图书、教学家具和各类用房等的标准做了规定。

（二）家具

教师阅览室的家具配置除了遵照一般图书馆阅览室的标准，视各地区、各校条件适当调整外，还要考虑教师的职业特点；学生阅览室的家具配置必须考虑学生的学段，包括学生的年龄、身高、阅读心理，从规格、材质的确定到色彩的选择，都应以方便学生使用，吸引、引导学生健康阅读为目的。具体应符合以下几个原则：

1. 标准化原则

图书馆家具的配置要依据《图书馆建筑设计规范》，国家技术监督局还先后发布了5个与图书馆专用家具相关的标准，要求图书馆选择专业的图书用品设备生产厂家，并进行多家对比。

国家技术监督局发布的《图书用品设备产品型号编制方法》。该标准规定了图书用品设备产品型号的编制方法，适用于普通图书用品设备产品型号的编制，不适用于特殊图书用品设备产品型号的编制。

国家技术监督局发布的《图书用品设备木制目录柜技术条件》。该标准规定了木制目录柜的主要尺寸、技术要求、试验方法、检验规则和标志、包装、运输、贮存。

国家技术监督局发布的《图书用品设备阅览桌椅技术条件》。该标准规定了阅览桌椅的主要尺寸、技术要求、试验方法、检验规则和标志、包装、运输、贮存。该标准适用于图书、信息、档案、资料等部门阅览用的木制桌椅和木质材料与金属材料结合的桌椅。

国家技术监督局发布的《图书用品设备木制书柜、图纸柜、资料柜技术条件》。该标准规定了木制书柜、图纸柜、资料柜的主要尺寸、技术要求、试验方法、检验规则和标志、包装、运输、贮存。该标准适用于图书、信息、档案、资料等部门使用的木制书柜、图纸柜、资料柜。

国家技术监督局发布的《图书用品设备木制书架、期刊架技术条件》。该标准规定了木制书架、期刊架的主要尺寸、技术要求、试验方法、检验规则和标志、包装、运输、贮存。该标准适用于图书、信息、档案、资料等部门使用的木制书架、期刊架。

2. 以人为本原则

以人为本原则是指最大限度地满足读者的需要。家具的式样、造型与尺寸是非常重要的，结构科学合理的家具能给人以稳定、妥帖的感觉，能使家具整体呈现充实感。选择或设计家具时应符合人体科学原理，以免造成读者使用不便或容易疲劳。另外，桌面不宜反光，防止影响读者阅读。中学图书馆家具配置的以人为本原则尤为重要，因为它服务的主体对象是处在生长发育期的中学生，家具的配置必须从学生的身心健康、安全使用角度出发。

3. 整体化原则

整体化原则是指家具与环境的相融性，即与整个图书馆的环境和风格协调一致。家具的造型、材质、类型、形体、大小、安排的位置等都应认真考虑。若与环境非常和谐，家具能表达特定的文化意味，形成特定的审美氛围，使人获得一种审美体验和精神享受。家具配置在建馆之初就要整体考虑，也要兼顾不同地区、不同学段的整体特点，不仅风格统一，还要坚固、耐用。

4. 功能性原则

不同类型的家具应发挥不同的功能。

（1）典藏用家具

典藏用家具主要包括书库书架、密集书架、报纸架、期刊架、目录柜等。图书馆的一般书架按其材质分，主要有钢制、木制、钢木结合等，有的还采用混凝土材料再配以木材等。书库书架通常选用多层双面书架，多选用钢制书架。密集书架就是把许多特制书架紧密地排列在一起，只留出供找书和取书的通道，不再是一排书架一条夹道；需要提取图书时就用手动或电动方式将书架拉开，取书以后，再恢复原位。密集书架可使书库的有效使用面积增加。密集书架一般用于存放古籍图书或不经常使用的、以收藏为目的的藏书。在藏阅一体的馆藏布局中，书架、报纸架、期刊架要与阅览室的整体功能一致，学生阅览室的书架高度要考虑学生的身高。

（2）阅览用家具

阅览用家具主要是指供读者使用的家具。该类家具要根据不同类型的阅览室、不同的读者对象来配置，并要与阅览室空间的设计相适应，以便紧凑合理地利用阅览室的有效面积，并与阅览室的室内环境协调。为了满足阅览室空间灵活性的要求，最好采用多功能的家具，以适应空间的可变性。阅览用家具主要指各种阅览桌椅。它们的大小和规格都应与读者活动时的尺寸相适应。阅览桌椅的大小、高低应适应读者坐式阅读、书写的要求。期刊阅览室、学生阅览室中的家具布置要自由活泼一些，以符合少年儿童的生理、心理特点。

阅览室开架书架的布置要方便读者通行，阅览桌与书架之间的距离要适当加大。为了使读者得到良好的光线，避免眩光和反光，一般将阅览桌的长边垂直于外墙布置。在单面采光的阅览室内，较理想的布置方式是单面排列。阅览室座位的布置要注意将阅览面积和交通面积分开，并尽量缩小交通面积。由于阅览室面积较大，主要通道多设于两排阅览桌中间，因此沿墙设次要通道。主要通道的宽度一般不小于1.2米，在人数较多的阅览室可设宽1.5米以上的通道，次要通道的宽度一般为0.6～1.0米。

书车和梯凳也是不可缺少的阅览用家具，一般以钢制或钢木制为主。书车要求车轮灵活平稳，有平式和立式两种，平式有三层，用于阅览室和书库；立式用于采编部等。梯凳表面一般要贴一层胶皮以防滑，人站在梯凳上，梯凳的支撑腿应自动锁定，平时可以灵活移动，一般分为一阶和两阶两种。高处的书一般借助书梯来取。

（3）办公用家具

办公用家具主要包括采编桌、柜台、办公桌椅等。采编桌是进行图书采编处理的地方，一般要求其承重性强、桌面大，同时能够方便地放置电脑、打印机等设备；设计时还应考虑封闭性，以避免外界的干扰，提高工作效率。柜台一般用于借阅和参考咨询等处。在传统图书馆的借阅方式下，工作人员大都站立工作，多采用较高的柜台，台面高度一般在1米以上，工作人员坐在高脚凳或较高的台子。方便照看四周。柜台是图书馆工作人员与读者直接接触的地方，在现代化管理的要求下，不论是流通还是阅览用柜台，最注重的是对读者的亲和力。目前许多图书馆已把柜台台面放低，以便于读者借还图书和咨询问题。在网络环境下，柜台应是多功能的，应关注柜台上各种信息设备的位置及电源、网络、插座的配置等，办公桌一般为行政通用型，应能放置电脑、电话、打印机等设备；办公椅一般为无扶手软垫椅。

（三）设备

1. 设备的种类及用途

（1）信息技术设备

信息技术设备包括计算机（工作用计算机：采编用计算机、借还书刊用计算机；读者用计算机：目录检索用计算机、电子阅览室用计算机）、网络设备（图书馆局域网管理用设备等）、扫描仪（用于读者服务）、刻录机（用于音像资料的复制服务）、打印机（用于打印目录卡片、新书通报等）。

（2）安全设备

安全设备用于书库、阅览室的防火、防水、防盗。

（3）恒温、恒湿设备

恒温、恒湿设备主要有空调、风扇，其数量和类型根据书库、阅览室、办公室的面积来确定。

（4）清洁设备

根据需要可选择吸尘器作为清洁设备，用于地面吸尘、书刊吸尘。

2. 设备的配置

设备的配置应依据不同地区办学条件标准的要求，参考图书馆行业的规范。在配置设备之前要充分做好调研与论证工作，不仅要满足图书馆的现实需求，还要考虑可持续发展的需要。通用设备的配置要纳入学校设备的总体计划，图书馆专业设备要选择专业生产厂家的产品。

第二节　中学图书馆的馆员队伍建设

图书馆员是一个有尊严的职业，中学图书馆员是建立在科学的教育思想和图书馆学基础上的职业。在图书馆的构成要素中，图书馆员是最活跃、最能动的要素。伴随着图书馆事业和教育事业的职业环境和职业实践的深刻变化，从根本上推动中学图书馆事业发展的内在动力是图书馆员的职业素质。因此，中学图书馆的馆员队伍建设具有重要的现实意义。

一、中学图书馆员的责任与素质

中学图书馆事业处在图书馆事业和基础教育事业的交叉地带，中学图书馆员的责任就是利用图书馆为基础教育事业服务。基于这种责任，中学图书馆员应该具有教师和图书馆员的双重素质。

（一）道德素质——职业精神

从广义的角度来讲，图书馆职业精神是指对图书馆职业有清醒认识和浓厚兴趣，包括敬业奉献的职业道德、勇于探索的创新观念、敢为人先的竞争意识和具有凝聚力的团队精神等。

中学图书馆员的职业精神即热爱教育事业、图书馆事业，全心全意地利用图书馆为基础教育服务的奉献精神。

1. 中学图书馆员应具有作为教师的师德品质

所谓师德，是教师应有的道德和行为规范，是全社会道德体系的组成部分，也是青少年学生道德修养的楷模之一。教师要具有高尚情操、渊博学识和人格魅力，要对学生充满爱心。体现在中学图书馆员身上的师德主要指的是：热爱小读者，耐心细致地指导学生学会使用图书馆，帮助他们把图书馆作为学生时代学习成长的一块重要阵地。

2. 中学图书馆员应具有图书馆员的职业道德

中学图书馆员是图书馆员大系统中的一部分，其行为应当遵守图书馆员的职业规范，应具有图书馆员的职业道德。

（二）业务素质——专业技能

中学图书馆工作是一项实践性很强的工作，中学图书馆员的业务素质应当是建立在一定专业知识基础上的专业技能，相对于其他类型的图书馆来说更强调应用。

要掌握资源建设、分类编目、读者工作、自动化与数字化等图书馆学专业基础知识，对教育学、心理学以及自己所在的中学校所开设课程的学科知识也要有基本的了解，而且能够运用这些知识，完成图书馆的业务流程，深化和拓展图书馆的服务。

随着图书馆事业的发展，中学图书馆员的专业技能更强调信息技术技能、人际交往技能、组织策划技能。运用信息技术技能完成信息获取、信息开发与信息服务，推动图书馆的现代化建设；运用人际交往技能促进图书馆的校内外开放合作；运用组织策划技能开展各项读者活动，发挥中学图书馆在学校教育教学、科研工作中的作用。

中学图书馆人员编制多数比较紧张，人员分工做不到大中型图书馆那么细，这就要求中学图书馆员的素质不一定特别专深，但要全面，特别是馆长（负责人），除了要具备上述业务技能外，还要具备相当于教研组长的行政管理能力。

二、中学图书馆的人员配备

图书馆负责人要具有图书馆专业知识。中学图书馆工作人员应具备大专以上文化程度。图书馆要设专职管理人员。图书馆工作人员编制在本校教职工编制总数内合理确定。

三、中学图书馆员的专业发展

（一）中学图书馆员的双重专业发展

中学图书馆员既是图书资料业务人员，也是教师，因此要双重专业发展。

1. 作为图书资料业务人员的专业发展

劳动和社会保障部、文化部制定的《图书资料业务人员（图书资料馆员）国家职业标准》（以下简称《标准》）。

《标准》以《中华人民共和国职业分类大典》为依据，以客观反映本职业水平和对从业人员的要求为目标，在充分考虑经济发展、现代技术进步、社会文化需求和公众信息需求对本职业影响的基础上，对职业活动范围、工作内容、能力要求和知识水平做出了明确规定。

《标准》将该职业分为五个等级：五级图书资料馆员（国家职业资格五级）、四级图书资料馆员（国家职业资格四级）、三级图书资料馆员（国家职业资格三级）、二级图书资料馆员（国家职业资格二级）、一级图书资料馆员（国家职业资格一级）。

《标准》对职业的基本要求规定为三个方面：职业道德、基础知识、相关知识。其中，职业道德包括：职业道德基本知识、职业守则；基础知识包括：图书馆定义、性质，图书馆类型与功能，图书馆文献类型与体系，图书馆目录及其组织。

图书馆读者类型，图书馆读者服务基本知识，图书馆主要业务工作，图书馆基本业务流程；相关知识包括：文献基本知识、计算机与网络基础知识、图书馆相关法律法规知识、综合文化知识、文化艺术英语知识、古汉语知识。

《标准》还对不同职级的图书资料馆员的工作要求做了详尽的规定：对各级图书资料馆员的能力要求依次递进，高级别包含低级别的内容，其中五级、四级可供中学图书馆员参考。

表4-1 五级图书资料馆员国家职业标准

职业功能	工作内容	能力要求	相关知识
一、文献信息采集	（一）文献采集	能利用计算机系统完成订单的录入	订单主要内容
	（二）文献验收与登到	能按要求完成文献的验收与登到	1.验收主要内容 2.登到主要内容
二、文献信息组织	（一）文献著录	能利用已有的书目数据进行文献著录	书目数据基本知识
	（二）文献加工	能按要求对文献进行打贴书标，打印卡片等加工工作	文献加工方法与要求
三、文献流通管理	（一）文献保存与保护	能完成文献排架、保管和保护的辅助性工作	文献基本排架方式 文献保管与保护常识
	（二）文献外借与阅览	能按工作流程完成文献外借与阅览的辅助性工作 能填写文献外借与阅览统计表	1.文献外借与阅览工作要求 2.相关统计表的要求
	（三）文献调拨与剔除	能按要求完成文献调拨与剔除的辅助性工作	文献调拨与剔除工作要求
	（四）证卡发放与管理	能按要求完成证卡发放与管理的辅助性工作	证卡发放与管理工作基本要求
四、读者工作	（一）图书馆宣传	1.能了解馆藏文献的基本布局并提供导引服务 2.能设计、制作小型板报、宣传栏	1.馆藏文献布局知识 2.小型板报、宣传栏的设计与制作基本要求
	（二）读者活动组织	1.能收集读者宣传活动的相关资料 2.能从事小型读者宣传活动的辅助性工作	1.读者宣传活动相关资料的收集方法 2.组织小型读者宣传活动的方法和要求

表4–2　四级图书资料馆员国家职业标准

职业功能	工作内容	能力要求	相关知识
一、文献信息采集	（一）文献信息采集	1.能了解和收集国内主要出版、发行机构的书目信息 2.能搜集读者对文献的需求信息	1.国内主要出版、发行机构信息的收集方法 2.书目信息的主要内容和常用收集方法
	（二）文献采集	1.能承担简单查重与订单发送 2.能利用计算机完成订单发送 能承担国内文献交换与征集的辅助性工作	1.文献订购基本流程 2.查重基本知识 3.文献交换与征集的基本方法
	（三）文献验收与登到	能利用计算机完成文献的验收与登到	验收与登到的程序和方法
二、文献信息组织	（一）文献著录	能按照《中国文献编目规则》进行专著或其他类型文献的基本著录	1.文献著录基本知识 2.《中国文献编目规则》基本项目著录知识
	（二）数据库制作	能利用《中国机读目录格式》制作专著或其他类型文献的基本数据，或利用“都柏林核心元数据”格式制作专著或其他类型文献的基本数据	1.数据库记录的基本知识 2.《中国机读目录格式》基本知识 3.“都柏林核心元数据”基本知识
	（三）文献加工	能对打贴书标、打印卡片等文献加工结果进行核查	文献加工核查要求
	（四）目录组织	能按规则组织字顺目录	字顺目录组织方法

续表

职业功能	工作内容	能力要求	相关知识
三、文献流通管理	（一）文献保存与保护	能承担文献排架、保管与保护等常规性工作	文献保管与保护方法
	（二）文献外借与阅览	1.能按照要求利用计算机完成文献外借与阅览的常规性工作 2.能填报相关统计表	1.相关计算机系统操作方法 2.填报相关统计表的方法
	（三）文献调拨与剔除	能按要求完成文献调拨与剔除的常规性工作 能填报相关统计表	文献调拨与剔除的工作流程 填报相关统计表的方法
	（四）证卡发放与管理	1.能提供读者及借阅状况的背景材料 2.能按要求完成证卡发放与管理的常规性工作	1.读者及借阅状况的统计方法 2.证卡发放与管理的工作流程
四、咨询服务	（一）咨询解答	能解答有关利用图书馆的常识性问题	1.咨询解答基本知识 2.咨询解答工作流程
	（二）咨询建档	1.能记录咨询工作日志 2.能整理咨询记录	1.咨询建档基础知识 2.咨询工作日志的记录要求 咨询记录的分类整理方法
五、读者工作	（一）图书馆宣传	1.能辅导读者利用馆藏资源 2.能编写通讯稿、简报、动态等宣传资料	1.辅导读者的基本方法 2.通讯稿、简报、动态等宣传资料的编写方法
	（二）读者活动组织	能组织实施中小型读者活动	组织中小型读者宣传活动的方法和要求

2. 作为教师的专业发展

中学图书馆员工作的对象多数是中学生，有的中学图书馆员还承担阅读指导课、信息检索课、信息技术课的教学任务，除了图书馆员的身份外，还有教师身份，因此，应当同时参照教师的专业标准规范这支队伍。

为促进中学教师专业发展，建设高素质的教师队伍，根据《中华人民共和国教师法》和《中华人民共和国义务教育法》，教育部下发《中学教师专业标准》的通知。

《中学教师专业标准》规定：“中学教师是履行中学教育工作职责的专业人员，需要经过严格的培养与培训，具有良好的职业道德，掌握系统的专业知识和专业技能。”《中学教师专业标准》是国家对合格中学教师的基本专业要求，是中学教师实施教育教学行为的基本规范，是引领中学教师专业发展的基本准则，是中学教师培养、准入、培训、考核等工作的重要依据。

（二）中学图书馆员继续教育的培训目标与培训模式

继续教育是一项系统工程，没有明确的政策和法律保证，没有专门的管理机构和办事机构，很难使这项工作落实。

国外在这方面有很多经验值得我们借鉴。多年来，美国、英国、日本、韩国、印度、丹麦、挪威等60多个国家不断制定和修改完善了图书馆法律、法规，用法律的手段推进中学图书馆员的素质建设。许多国家的图书馆法规定：图书馆从业人员必须经过专业培训，获得图书馆职业资格证书后，才可以到图书馆谋求职位，从事图书馆工作。

近年来，我国在图书馆立法方面也有了一定的进展。例如，我国第一部图书馆地方性法规《北京市图书馆条例》的施行，其中第十九条规定：“图书馆的业务人员应当具备相应的专业知识和技能，经考核合格方可上岗。”第二十条规定：“图书馆应当根据图书馆事业发展和自身业务要求，定期对业务人员进行培训。”

1. 培训目标

不同地区和不同学校之间、中学图书馆的发展水平，图书馆员的现状和继续教育状况存在较大差异，不同的教育教学状况对图书馆的要求也不尽相同，因此，应根据具体情况确定中学图书馆员继续教育的培训目标。

培训目标大体可分为两个层次：

第一，近五年从未开展过继续教育的城区及大部分农村中学图书馆，以基础培训为主。目标可定为：①普及图书馆基础业务知识和基本技能，使图书馆工作人员熟悉图书馆工作基本流程，掌握各项基础工作的科学规范操作；②了解学校图书馆发展的新方向和新的管理手段，推动中学图书馆事业向更高水平发展。

第二，近五年来开展过专业基础继续教育、总课时达到40课时以上的中学图书馆，以提高培训为主。目标可定为：①在图书馆科学规范管理的基础上，会利用图书馆资源为教育教学改革提供深层次服务，如为教师提供参考，咨询服务，为学生提供阅读指导服务等；②掌握相应的计算机技术，会用计算机管理软件管理图书馆、建设数字图书馆。

2. 以课程教学为主体、其他形式为补充的培训模式设

对于课程教学的培训模式，其课程设置可分为基础课程和提高课程，基础课程总课时为60课时，提高课程总课时为54课时。具体课程设置如下：

第一，基础课程一：图书馆概述（5课时）。

①认识图书馆（1课时）；②中学图书馆的性质与任务（2课时）；③图书馆工作流程（2课时）。

第二，基础课程二：文献采选与资源建设（16课时）。

①藏书建设的原则与藏书建设发展规划（3课时）；②现代文献类型与中学图书馆馆藏文献范围（3课时）；③文献购置费的合理使用（3课时）；④文献的验收（1课时）；⑤文献登录的方法（3课时，含实习）；⑥典藏（3课时）。

第三，基础课程三：文献分类与编目（23学时）。

①文献分类的基本概念与作用（1课时）；②《中国图书馆分类法》介绍（2课时）；③文献分类工作与方法（2课时）；④各类文献的分类（4课时）；⑤综合性文献的分类（1课时）；⑥图书馆目录的基本知识与文献著录标准化（1课时）；⑦中文普通图书的著录方法（2课时）；⑧报刊管理、资料室管理（6课时）；⑨实习（4课时）。

第四，基础课程四：读者工作（16课时）。

①读者工作的基础知识（4课时）；②流通阅览服务（4课时）；③阅读辅导（8课时，含实习）。

第五，提高课程一：图书馆自动化、数字化（24课时）。

①图书馆自动化概述（2课时）；②中学图书馆实现自动化的条件和常用管理系统介绍（3课时）；③中学图书馆网络建设与相关计算机知识（1课时）；④各子系统的使用方法（2课时）；⑤计算机编目（6课时）；⑥数字图书馆基础知识（4课时）；⑦国内外中学数字图书馆发展动态（4课时）；⑧实习（2课时）。

第六，提高课程二：信息检索与信息服务（24课时）

①检索工具书简介（1课时）；②网络信息资源的类型与特征（2课时）；③电子数据库的检索方法（2课时）；④网络检索工具的使用（2课时）；⑤信息加工的基本方法（4课时）；⑥中学图书馆常见的参考咨询服务（5课时）；⑦实习

（8课时）。

第七，提高课程三：图书馆科学管理（6课时）

①馆舍与设备（2课时）；②人员管理（2课时）；③制度建设（2课时）。

第五章　文献信息检索与利用

第一节　文献信息检索基础知识

印度著名图书馆学家阮冈纳赞提出了著名的“图书馆五法则”，其中心思想体现了“书是为了用的即为了服务”的理念。的确，21世纪正值信息与知识经济时代，信息意识和信息检索及利用能力无疑已成为当今图书馆人员所应具备的一项基本素质，成为信息技术条件下图书馆深层开发、多元服务、提升品质的重要保障。尤其是随着网络信息技术的迅猛发展，面对实体馆藏与虚拟馆藏并存的现状，如何在浩如烟海的文献信息中快速检索，有效整合，提炼精华，切实地为师生提供最有效的服务，如何培养中学生获取文献信息的初步能力和自学能力，从而全面提高中学生的信息素质，已成为每一个中学图书馆人所面临的核心问题。而了解检索方法，掌握检索技巧，正是解决此问题的最佳途径及必备技能。本章正是从文献检索基础知识入手，结合中学教学的实践和教学实例，详细阐述了不同形态的文献信息检索原理与利用方法。

随着科学技术日新月异地发展，人类步入了信息时代，人们交流、学习及生活的方式已随之发生了巨大的变化。在这些变化中，我们时刻感受着文献信息资源的多元化利用及信息的多样化服务。如今，文献信息资源已同物质资源、能源资源并列成为现代社会资源的三大支柱。文献信息作为一种资源在社会生产和人类生活中起着越来越重要的作用，特别是对中学生进一步拓展知识视野，有效地提升自我学习能力方面成了一项必备的基本素养。为了更好地掌握这项技能，从小学起就对学生进行信息教育，提高利用信息意识和获取信息技能，掌握文献信息的相关知识是很必要的。

一、文献信息检索概述

（一）文献信息检索的概念

文献信息检索是从文献信息资源集合中找出所需文献信息的过程。从广义上讲，文献信息检索包括两个过程：一是文献信息的存储过程。存储是选择文献信息、按规范化语言文本揭示与描述文献信息内、外特征并使其有序化。即对大量有关信息集中起来，并对信息的外表特征和内容特征进行著录、标引和组织，经过整理、分类、归纳等处理，使其系统化、有序化，并按一定的技术要求建成一个具有检索功能的工具或检索系统，供人们检索和利用。二是文献信息检索过程。检索是系统根据用户提问按规范化语言进行概念转换，经逻辑匹配输出与提问相关的文献信息。广义的检索指运用编制好的检索工具或检索系统，查找出满足读者要求的特定信息。狭义的检索是指依据一定的方法，从已经组织好的大量有关文献集合中，查找并获取特定的相关文献的过程。

综上所述，文献信息检索就是将文献信息按照一定的方式组织和存储起来，并能根据用户的需求，找出其相关文献信息的过程。

（二）文献信息检索类型

文献信息检索按不同的标准可以划分为不同的类型，下面介绍两种目前比较普遍的划分方法。

1. 按文献信息检索存储和检索内容划分

可分为文献型检索、事实型检索和数据型检索。

（1）文献型检索

是指利用文摘、题录、索引、目录等二次文献信息，查找文献线索和根据文献线索查找原始文献。如查找某一课题、某一著者、某一地域、某一机构、某一事物的有关信息，都属于文献型检索范围。如检索“我国中学课程改革的论文”。

（2）事实型检索

是指对特定的事件或事实的检索，包括事物的性质、定义、原理及发生的地点、时间、前因后果等。凡是利用百科全书、辞典、年鉴等检索工具从存储事实的信息系统中查找特定的事实过程称为事实型检索。如检索“改革开放以来我国中学教育事业的成果”。

（3）数据型检索

是指从检索工具（系统）存储的数据中检索用户所需数据的检索。凡是利用参考工具书、数据库等检索工具检索包涵文献中某一数据、参数、公式或化学分子式等，统称为数据型检索。

2. 按文献信息的组织方式划分

按文献信息的组织方式划分，可分为全文检索、超文本检索、多媒体检索和网络信息资源检索。

（1）全文检索（也称全文数据库检索）

是指检索系统中存储的是整篇文章乃至整本书。它通过计算机将文件的全貌，包括文字、图形和图像等信息转换成计算机可读形式，直接采用自然语言来设置检索入口，检索时以文中任意信息单元作为检索点，计算机自动进行高速比照，完成检索过程。

（2）超文本检索

是指超文本的内容排列是非线性的，它按知识（信息）单元及其关系建立起知识结构网络，如具有图形的信息又称超媒体。超文本（媒体）检索是通过超文本（媒体）链接来实现的。其形式有的在网页的文字处有下划线或以图标方式标志，用户点击这些标志便能进入与此信息相关的下一页，在该页面上通过超文本链接进入下一个页面，超文本起信息导向作用。这样，用户在从一个页面转向另一个页面的过程中就可以获取自己所需要的信息了。

（3）多媒体检索

是指能够支持两种以上媒体的数据库检索。多媒体数据库存储以及数据库检索技术对同时存在文字、图形、图像、动画、声音等媒体的数据进行统一的存取与管理，检索时不仅能够浏览对象的文字描述，而且能够做到听其声、观其形。

（4）网络信息资源检索

是一种集合各种新型检索技术于一体，能够对各种类型、各种媒体的信息进行跨时间、跨空间检索的大系统。网络信息资源的组织管理需要诸多的信息技术支持，其中以WWW（World Wide Wed）全球浏览技术最具优越性和可用性，它使用WWW浏览器在Windows界面下交互作业，能给用户揭示到一篇篇文章的信息，具有很强的直观性。WWW是一种集超文本技术、多媒体技术和网络技术于一体的新型检索工具。与传统信息检索方式相比较，它具有深入、实时、快速、跨时空共享和多媒体应用等优点。

3. 根据文献信息存储、检索方式和技术划分为手工检索和计算机检索

（1）手工检索简称“手检”

是指人们通过手工的方式来存储和检索文献信息。其使用的检索工具主要是书本型、卡片式的文献信息系统，即文摘、索引、目录、手册等。

（2）计算机检索简称“机检”

是指人们利用数据库、计算机软件技术、计算机网络以及通信系统进行信息存储和检索，其检索过程是在人机的协同作用下完成的。包括脱机检索、联机检索、光盘数据库检索和网络信息检索（也称WWW检索）。

二、文献信息检索语言

（一）文献信息检索语言概述

文献信息检索语言就是文献信息组织与文献信息检索时所用的主要语言。文献检索语言又称为情报检索语言、文献标引语言、索引语言。它是以文献信息的加工、存储和检索的共同需要而编制的专门语言，是表达一系列概括文献信息内容和检索课题内容的概念及其相互关系的一种概念标识系统。因其使用的场合不同，检索语言也有不同的叫法。例如在存储文献的过程中用来标引文献，叫标引语言；用来索引文献则叫索引语言；在检索文献过程中则为检索语言。

（二）检索语言的作用

检索语言在信息检索中起着极其重要的作用，它是沟通信息存储与信息检索两个过程的桥梁。其主要作用如下：①标引文献信息内容及其外表特征，保证不同标引人员表征文献的一致性。②内容相同及相关的文献信息加以集中或揭示其相关性。③文献信息的存储集中化、系统化、组织化，便于检索者按一定的排列次序进行有序化检索。④便于将标引用语和检索用语进行相符性比较，保证不同检索人员表述相同文献内容的一致性，以及检索人员与标引人员对相同文献内容表述的一致性。⑤保证检索者按不同需要检索文献时，都能获得最高查全率和查

准率。

（三）检索语言的类型

信息检索语言很多，一般按照标识的性质与原理可划分为：分类检索语言和主题检索语言两种。

1. 分类检索语言

分类语言是用分类法来表达各种文献信息资源的概念，将各种概念按学科、专业性质进行分类和系统排列。分类检索语言的类型有三种，即：体系分类法、组配分类法、混合式分类法。我国大多数图书馆采用《中国图书馆分类法》。

2. 主题检索语言

主题语言是从内容角度标引和检索文献信息资源的方法。它不像分类法以学科体系为中心，而是利用词语来表达文献信息资源中论述的主题概念。用来表达文献信息内容的词语称为主题词。主题词不同于自然语言，它是将自然语言中的词语或规范化作为揭示文献主题标识，并以此标识、编排、组织或查找文献的编排方法。主题检索语言又可分为标题、元词、叙词、关键词多种类型。

（1）标题词

标题词是指从自然语言中选取并经过规范化处理，表示事物概念的词、词组或短语。标题词是主题语言系统中最早的一种类型，它通过主标题词和副标题词固定组配来构成检索标识，只能选用“定型”标题词进行标引和检索，反映文献主题概念必然受到限制，不适应时代发展的需要，目前已较少使用。

（2）元词

元词又称单元词，是指能够用以描述信息所论及主题的最小、最基本的词汇单位。经过规范化的能表达信息主题的元词集合构成元词语言。元词法是通过若干单元词的组配来表达复杂的主题概念的方法。元词语言多用于机械检索，适于用简单的标识和检索手段（如穿孔卡片等）来标识信息。

（3）叙词

叙词是指以概念为基础、经过规范化和优选处理的、具有组配功能并能显示词间语义关系的动态性的词或词组。一般来讲，选做的叙词具有概念性、描述性、组配性。经过规范化处理后，还具有语义的关联性、动态性、直观性。叙词法综合了多种信息检索语言的原理和方法，具有多种优越性，适用于计算机和手工检索系统，是目前应用较广的一种主题检索语言。CA.EI等著名检索工具都采用了叙词法进行编排。

（4）关键词

关键词是指出现在文献标题、文摘、正文中，对表征文献主题内容具有实质意义的语词，对揭示和描述文献主题内容是重要的、关键性的语词。读者常用的检索语言就是利用关键词进行检索。

三、文献信息检索工具

无论是文献、数据还是事实，它们都广泛分布于各种文献之中，如果不借助一定的工具，要获取它们无异于大海捞针。这种工具是一种特殊的文献类型工具书，汇聚、浓缩某一方面资料并按特定的方法编排起来。检索工具用以存储和检索文献或报道、累积和查找文献线索的工具，它是在一次文献的基础上经过加工、整理、编辑形成的二次文献。文献信息检索工具分为事实数据检索工具和线索性检索工具。用于查询数据和事实的检索工具，如字典、词典、手册、年鉴等属于事实数据检索工具。用以报道、存储和查找文献线索的属线索性检索工具，它是附有检索标识的某一范围文献条目的集合。

目前可供人们使用的检索工具有很多，不同的检索工具各有特点，可以满足不同的文献信息检索的需求。

（一）检索工具的类型

1. 目录

目录也称“书录”，是著录一批相关的文献，并按一定的次序编排而成的一种揭示与报道文献的检索工具。书目实际上是伴随着文献的丰富和人类对文献的整理而出现的，是整理文献后的“副产品”。目前，影响较大的书目有《全国总书目》《全国新书目》（期刊）、《中国国家书目》《社科新书目》（报纸）、《中国丛书综录》等。对于中学图书馆而言，目录主要有馆藏图书目录、报刊目录、电子资源目录等。

2. 文摘

文摘是以精炼的文字，将文献的主要论点、数据、结论简要的摘录出来，并按一定的方式编排而成的检索工具。文摘以“精”和“快”见长，“精”即力求以较少的文字突出文献内容的关键，摘要精炼；“快”即它多以期刊形式刊行，及时向读者传递最新信息，出版周期短，报道时差小。

就某一具体的文摘而言，由于它是全文的提炼和浓缩，信息密度大，于原文就有管窥全豹之功能，有助于我们用较少的时间获得较多的信息，节约时间和精力；就检索工具角度而言，文摘具有报道文献广泛系统、揭示文献内容专深的特点，是一种重要的检索工具。所以，文摘为读者广泛使用，是二次文献的核心。

常见的文摘，主要有《新华文摘》《教育文摘》《教育卡片文摘》等。

3. 索引

索引一般以文献内部的知识单元或单篇文献为著录基本单位，揭示单篇文献的基本特征、文献中的事物名称和重要信息，特点是“深”和“便”，即对文献内容的揭示程度较书目深，提供的检索途径多，检索快捷方便。

常见的索引有两类：一是提供单篇文献线索的篇名索引，如《全国报刊索引》《复印报刊资料索引》《人民日报索引》《中国古典文学研究论文索引》等；二是提供字、词、句及其他重要信息线索的事实索引，如《十三经索引》《全唐诗索引》《二十四史纪传人名索引》《二十五史人名索引》等。每条索引款目通常包括3项：标目、说明语、材料出处或存储地址。

（1）标目

为识别特定款目的主要标志，它控制款目在索引中的位置，检索者通过它可以迅速地找出有关款目。作者姓名、主题词等都可作为标目。采用不同形式的标识，就构成不同类型的索引。如关键词索引、分类号索引、作者索引等。

（2）说明语

说明语用来限定和进一步细分同一标识下的文献，达到改善索引的功能。文献题名、自编的短语或短句等都可以作为说明语。

（3）材料出处或存储地址

指明了索引中款目的文献线索，如页码、题录或文摘的顺序号等。在一般检索工具中，文献描述项和索引之间常用文摘号连接，文摘号是检索系统编制者给每一篇文献确定的一个能代表该篇文献的号码，检索者可以通过索引中的文摘号的指引，检索到文献的描述项，从而获得有关文献的详细信息。借助于索引的指引，人们可以“按图索骥”地获得隐藏在信息中的各种信息的出处。

4. 题录

题录是用来描述某一文献的外部特征包括题名、作者、关键词、作者机构、文献来源等，并由一组著录项目构成的一条文献记录。题录通常以一个内容上相对独立的文献单元（如一篇文章、图书的一部分，但也可以是整本出版物）为基本著录单位。它与目录的主要区别是著录的对象不同。目录著录的对象是单位出版物，题录的著录对象是单篇文献。目前，许多中学图书馆工作人员在实际工作中编写的学科期刊题录索引，在教师教育教学中发挥着重要的作用。

5. 搜索引擎

搜索引擎是以网页为著录单元，在Web中自动搜索信息并将其自动索引到Web服务器。索引信息包括文档的地址，每个文档中单字出现的频率、位置等。网络搜索引擎很多，如比较著名的英文搜索引擎Yahoo、Google等；中文的搜索引擎如百度、搜狐、网易、新浪、搜狗等。

（二）检索工具的结构

一般的检索工具由以下五部分组成：

1. 编辑使用说明

为使用者提供的必要指导，包括编制目的、范围、收录年限、著录说明、查找方法及注意事项等。使用者要仔细阅读说明内容，避免偏差，提高检索效果。

2. 目次表

检索工具一般会在正文前编制分类目次表，按分类组织编排，作为从分类途径进行检索的依据。如《全国报刊索引》的“分类目录表”。

3. 正文部分

检索工具记录的不是文献的全文，仅描述文献外部特征和内部特征，每条著录由若干个款项组成，主要包括文献的篇名、著者、文献及文献来源等。这是检索工具的主体部分。

4. 辅助索引

检索工具的主体部分一般是按分类形式编排的，其检索效率不高，因此需要辅助各种索引，如主题索引、题名索引、著者索引、号码索引等。对于检索工具来说，辅助索引越多，检索途径就越多，检索效率就越高。

5. 附录

是检索工具内容的补充和参考，通常包括摘用刊物的种类、各种缩写、文字转译、术语、收藏单位代码等。附录也是检索工具中的重要内容，有助于读者充分地利用正文内容，也能相应提高检索效率。

对于读者而言，利用一种检索工具时应先看使用说明，再根据查找课题的学科，对照目次表或分类表，按所需要的学科类目检索相关文献。或利用主题、题名、著者、机构等已知条件，查阅相应的辅助索引，再利用索引提供的文献线索，检索到所需要的正文内容，直到获取原始文献。

四、文献信息检索的途径、方法和步骤

（一）文献信息检索途径

1. 题名检索途径

是指根据已知文献题名（篇名）来查找文献的途径，它依据的是书名目录（索引）、刊名索引、篇名索引、标准名称索引、数据库名称索引等，这些统称为题名索引。题名索引主要在计算机检索系统中应用较多。

2. 责任者检索途径

是指根据已知文献作者来查找文献的途径，它依据的是作者索引。作者索引采用文献上署名的著者、译者、编者的姓名或团体名称作为查找的依据。

3. 分类检索途径

是按照文献资料所属学科（专业）类别进行检索的途径，所依据的检索工具是分类索引。如利用《中图法》编制的索引。

4. 主题检索途径

是指通过文献信息资料的主题内容进行检索的途径。主题检索途径的最大优点是直接性，主题法直接用文字做主题，表达概念准确、灵活，易于理解、熟悉和掌握。而且它把同类主题性质的事物集中起来，突破了分类途径的严格框架限制，尤其能适应现代化科学的发展。

（二）文献信息检索方法

查找文献资料，必须掌握科学的检索方法，以便迅速、准确检索到所需要的文献资料，常见的文献检索方法一般有以下几种：

1. 追溯法

追溯法又叫回溯法，是以已获文献正文后的参考文献为线索，进行追溯查找，又叫参考文献法或引文分析法。该方法的优点是简单方便，通过滚雪球式的追踪查找能获得一些所需文献。缺点是查获的文献资料不够全面，查全率低；而且追溯的年代越远，查获的资料就越陈旧。

因此，一般是在缺少检索工具或检索工具不齐备的情况下，作为查找文献的一种辅助方法来使用。

2. 工具法

又称常用法，即利用检索工具查找文献的方法。根据检索文献的时间顺序又可分为顺查法、倒查法和抽查法三种。

顺查法是一种以文献信息检索课题起始年代为起点，按时间顺序逐卷期检索文献信息的方法。一般适合于内容复杂、时间较长、研究范围广的课题。在需要了解课题历史背景、科研立项或课题鉴定的情况下适用此法。

倒查法即逆查法，是按由近及远的时间顺序检索文献的方法，正好与顺查法相反，此法多用于一些新课题或有新内容的老课题。

抽查法即根据某一学科专业发展的特点，针对课题发表文献较集中的年限，有选择的检索文献的方法。

3. 综合法

就是综合利用工具法和追溯法进行检索的方法，又称循环法或交替法。具体方法是通过工具法查找某一批文献，再通过追溯法扩大检索范围，获取更多的相关文献。

（三）文献信息检索步骤

文献信息检索工作是一项实践性和经验性很强的工作，对于不同的检索内容，可能采取不同的检索方法和程序。检索程序与检索的具体要求有密切关系，大致可分为以下几个步骤。

1. 分析检索内容，明确检索目的，了解检索要求

首先应分析检索内容的实质、所涉及的学科范围及其相互关系，明确要查证的文献目的、内容、性质等。明确检索目的，是实施检索的基础。了解检索要求，明确检索所涉及的学科范围和主题内容，根据要查证的要点抽提出主题概念，明确哪些是主要概念，哪些是次要概念，并初步定出逻辑组配。

2. 选择检索工具，确定检索策略

选择恰当的检索工具，是成功实施检索的关键。选择检索工具一定要根据待查项目的内容、性质来确定，选择的检索工具要注意其所报道的学科专业范围、所包括的语种及其所收录的文献类型等，在选择中，要以专业性检索工具为主，再通过综合型检索工具相配合。如果一种检索工具同时具有机读数据库和刊物两种形式，应以检索数据库为主，这样不仅可以提高检索效率，而且还能提高查准率和查全率。为了避免检索工具在编辑出版过程中的滞后性，还应该在必要时补充查找若干主要相关期刊的现刊，以防止漏检。

3. 选择检索方法

检索方法的选择主要取决于课题性质、检索目的、检索范围以及对学科发展状况的了解程度。选择检索方法的一般原则是：如果检索工具不齐备，研究课题的主题概念不太复杂，涉及面不广，要求查全率的情况下，可用追溯法。如果研究课题要求的信息要“全”要“准”，像科研课题立项、成果鉴定等，可用顺查法。如果研究课题属于边缘学科或新兴学科及对老课题补充新资料，要求的信息要“快”要“准”，可用倒查法。如果要掌握研究课题的发展特点和规律以及对所属学科发展变化进行详细了解，可用抽查法。在研究课题涉及范围广、主题概念复杂、持续时间长的情况下，可采用综合法。

4. 确定检索途径

检索途径包括内容特征途径和外部特征途径。一般的检索工具都根据文献的内容特征和外部特征提供多种检索途径，除主要利用主题途径外，还应充分利用题名途径、分类途径、著者途径等多方位进行补充检索，以避免单一种途径不足所造成的漏检。

5. 确定检索词，构建检索表达式

检索词要根据检索内容精心选择，对于简单的检索课题，可直接选用检索课题名称的主要概念做检索词；对复杂的检索课题，要从专业技术的角度对研究内容进行全面分析，析出符合检索内容、切合主题概念的检索词。

6. 找文献线索，获取原文

应用检索工具实施检索后，获得的检索结果即为文献线索，对文献线索进行整理，分析其相关程度，根据需要，可利用文献线索中提供的文献出处，获取原文。

第二节　常用参考工具书的检索与利用

一、工具书作用

工具书是一种具有工具性能的特殊类型的图书，它广泛汇集各种知识和资料，并按特定的编排形式和检索方法加以组织供人们查检之用，工具书的作用是多方面的，其主要表现为以下几点：

第一，工具书是读书治学的良师，人们称之为“案头顾问”“良师益友”。具体来说，目录、文摘、索引等能指示读书门径，提供资料线索。字典词典、百科全书、年鉴等为人们解释疑难，提供各方面的单元知识。类书、政书等则能提供一些参考资料及原始文献。

第二，工具书是读者利用图书馆的工具。图书馆是书刊收藏最集中、最丰富的场所，是人类知识的宝库，而工具书则像一把钥匙，为读者打开这一宝库的大门，使读者充分有效地利用图书馆的藏书。如果不学会利用工具书，读者可能成为图书馆的陌生人。

第三，如果你要做某一项研究，必须先了解国内外有关这方面的研究状况，否则就会做“无用功”，而这正需要通过工具书来了解。年鉴、目录、索引、文摘等都可以提供这方面的服务。

第四，节省时间和精力。我们在学习和研究过程中，经常会遇到许多问题需要查找资料，但面对大量的书刊往往不知如何下手，如果我们利用工具书，就能够较快地查到有关资料，节省许多时间和精力。

二、工具书的类型

工具书的类型很多，其文字来说，有中外文之分；就其编撰时代来分，有古代、近代与现代之分；就其内容来说，有自然科学与社会科学之分；就其功用与特点来说，一般把工具书区分为字典、词典、百科全书、类书、政书、年鉴、手册、年表、历表、名录、图册、目录、索引、文摘等。

（一）字典、词典

字典、词典都是汇释字词，按一定方式编排且是最常用和通用的工具书。字典解释字的形、音、义及其用法，词典则解释语词的概念、意义与用法，都具有简明性、规范性的特点，是查找字或词的正确写法、标准读音、用法及含义等知识的工具书。在编排上中文字典、词典大都按字部首、音序编排。其结构包括前言、凡例、正文、附录、索引等。

常用的中文字、词典有《新华字典》《汉语大字典》《辞源》《辞海》《现代汉语规范词典》《中国近代史词典》《中国历史大词典》等。

（二）百科全书

百科全书是汇集人类一切门类知识或某一学科门类所有知识的概述性工具书。它包括社会科学、自然科学和工程技术等各科的专门术语、重要名词（包括人名、地名、物名、事件名称等）等。百科全书按收录范围分综合性百科全书和专收某学科或某领域知识的专科性百科全书。

百科全书不同于词典等其他的工具书。词典等是对词语条目进行释义，而百科全书是对条目做知识的介绍。因此百科全书比其他工具书使用更多的图像来辅助知识的介绍。而且百科全书对条目的阐释也比其他工具书详细，经常需要分成许多的小标题。

常见的百科全书有《中国大百科全书》《大英百科全书》《新不列颠百科全书》《科学家传记百科全书》等。

（三）年鉴

年鉴是汇集一年内的重要时事文献和统计资料，并按年度出版的连续性出版物。辛亥革命以后，中国才有年鉴。年鉴资料一般取材于政府公报，文件和重要报刊，比较可靠，内容包罗万象，实质上是一年度的百科全书，供了解国内外大事、各国概况。由于年鉴是按年度汇辑资料。其特点是资料新颖、权威性强、具有实用性和指示性。年鉴为一、二、三次文献的集合体，既可供阅读，又可供查询原始文献。年鉴一般按分类编排，由概况、文选和文献、统计资料、大事记和附录等构成。它具有时限性、资料性、可靠性和连续性等特点。人们通过年鉴可以获得比较系统、可靠的资料和统计数字。为我们掌握某学科领域一年内的发展趋势和一年中的新成果提供了一个重要途径。

年鉴分为综合型、专门型和统计型三类。常用的综合型年鉴有《中华人民共和国年鉴》《中国年鉴》《中国百科年鉴》《世界年鉴》《世界大事年鉴》《世界知识年鉴》等；常用的专门型年鉴有《中国教育年鉴》《世界经济年鉴》《中国农业年鉴》等；常用的统计型年鉴有《中国统计年鉴》《联合国统计年鉴》等。

（四）手册

手册的名称来源于英文“Hand Book”，有手头常用书的含义，是便于随身携带、随时翻阅参考的工具书。手册是以简明的方法介绍一定范围和学科的基础知识及参考资料的工具书。手册类工具书还包括指南、必备、大全、便览、总览、要览、一览等。其特点是小型、专题明确具体、取材新颖、论述简要、实用性强，易于随手翻检。手册又称指南、要览、全书等。

手册就其内容来分有综合性手册，如:《中华人民共和国手册》；专科性手册，如:《农村中学现代远程教育工程：教师应用指导手册》《中学教师手册》《经济法手册》《物理化学手册》等。

（五）名录

名录是提供人名、地名、机构名等简要资料的工具书。它以简洁和格式化的文字表达如下内容：某方面人物的生卒年、学历、经历和著作等个人履历资料；某一行政地区的地名及其沿革和相关地理资料；某些企事业单位和机关、团体、学校等的地址、负责人员、主要活动等基本材料。在信息社会中，名录是社会生活交往中不可缺少的参考性工具书。名录按收录内容可分为人名录、地名录和机构名录。

常用的名录有《中国近现代名人大词典》《世界名人录》《中国人名大词典》《中华人民共和国地名录》《中国地名词典》《韦氏地名词典》《世界地名录》《中国政府机构名录》《中国科研单位名录》《世界各国高校名录》《全国高中（高级中学）名录》等。

（六）目录、索引、文摘

目录、索引、文摘是人们查检书籍文章等文献情报的重要检索工具，三者以各自不同的方式揭示文献的外在特征和内容特征，为读者提供多种查检文献情报的途径。

第一，目录是著录一批相关文献，并按一定次序编排的一种揭示和报道文献的工具。

目录从编制目的、收书的内容范围可以分为以下几种：

1. 国家书目

反映一个国家一定时期内出版的全部书籍的综合性书目。如《全国总书目》《中国国家书目》《民国时期总书目》等。

2. 专题书目

围绕某一项问题编制的图书目录。

3. 推荐书目

是向读者推荐学习研究某一方面问题的书籍的集合。如《中学图书馆（室）推荐书目》《中学教师阅读推荐书目》。

4. 联合目录

是反映书刊在全国或某地区若干图书馆收藏情况的目录。

5. 馆藏目录

是反映某一图书馆内藏书的目录。

目录可以反映一定历史时期人类科学文化的发展概况，利于人们了解各类知识的分布，可以指导人们学习，书目是进行图书宣传的有力工具。

第二，索引是将文献中具有检索意义的内容，如书名、篇名、主题、人名、地名、字、词、句等摘录下来，按一定顺序编排组织，注明出处，以供查检的工具书。索引可以帮助读者了解学术新资料和充分揭示文献的内容特征及内涵信息。

索引的类别主要有：①词语索引，即将文献中的词语、句子摘出，按一定方式排列组织而成的索引。②篇目索引，即将书刊中论文篇目名称以一定方式排列组织而成的索引。如中学图书馆编制的期刊题录索引等。③主题索引，即按文献中涉及的主题编排组织而成的索引。

常见的索引有《全国报刊索引》《报刊资料索引》《内部资料索引》《人民日报索引》《中学教育论文索引》《中学数学专题研究索引》等。

第三，文摘是以简明扼要的文字对文献原文的摘述。按一定方式组织编排成为报道和揭示文献的检索工具。它用少量的文字将文献浓缩加工，以揭示文献的主要观点、论据、数据等，是当代报道学术动态的简捷明快的方法。

文摘分指示性文摘与报道性文摘。指示性文摘是根据文献编写的带有评价性的摘要，主要介绍所讨论问题的范围、主要结论等，概括性较强。报道性文摘是对原文浓缩，客观摘录原文的基本内容，使读者用较少的时间了解原文的主要精华所在。文摘可以帮助读者尽快了解科学情报和学术动态。是人们广泛了解社会，进行学习的有力工具，并具有索引的功能。

三、常用主题信息检索

（一）人物信息检索

1. 人物信息检索的传统工具

人物信息检索的主要信息源是各种传记工具书，在中学图书馆的参考咨询服务中，有关人物信息检索占很大比重。

在传统的人物信息检索中，是利用印刷型的工具书，主要有：①综合性辞书，如《辞源》《辞海》。②人物生平简介的检索工具书，主要有《中国人名大词典》《中国历史人物词典》《中国历史大词典》《中国历代人名大词典》《中国近代人名大词典》《中华人民共和国人物辞典》《中国人物年鉴》《外国人名词典》《世界人物大词典》等。③中国政治人物信息检索工具书，主要有《中国革命史人物传略》《中共党史人名录》《中华人民共和国人大、中央和地方政府、全国政协历届负责人名录》等。④文化、教育、体育界人物信息检索工具书，主要有：《社会科学人物词典》《中外教育名人词典》《中国文学家大辞典》《中国艺术家辞典》《中国戏曲家大辞典》《世界体坛顶峰的中国人——1949—1990年中国运动员获得世界冠军、打破世界纪录名录》等。

2. 人物信息的计算机检索

（1）中国地方人物志传记索引数据库

该数据库由中国国家图书馆制作，提供1949年以后新编地方志中所见人物的姓名、性别、民族、生活朝代、生卒年、字号、别名、籍贯、身份类别等方面的信息检索。目前数据量3.2万余条，每年增加1万条。

（2）中国历代名人图像数据库

该数据库建于2002年4月，收录自远古至现代5000多年文明史中有文字记载的名人图像资料。

（3）中国资讯行——中国人物库

该数据库提供详尽的中国主要政治人物、工业家、银行家、企业家、科学家及其他著名人物的简历及相关资料。

（5）中国工具书集锦在线——人物库

“中国工具书集锦在线”是“中国知识资源总库”的基础资源，其网站是“中国知网”旗下的核心网站之一。

（6）《传记辞典》

《传记辞典》收录古今2.8万名人的简介条目。

（二）机构信息的检索

中学教师在从事教学和科研中，常常会遇到涉及有关国内外的某机构组织的问题，因而需要了解这些机构的情况。

1. 机构信息检索的传统检索工具

主要有世界《世界大学名录》《中国高等学校简介》《中国图书馆名录》《中国科学院研究与开发机构名录》等。

2. 机构信息检索的计算机检索工具

①“机构与名人数据库”网址：http：//www.wanfangdata.com.cn.②“中国科研机构数据库”。③“中国科技信息机构数据库”。④“中国高等院校及中等专业学校数据库”。⑤中国工商网（http：//www.icncn.com/）：是由国家发展和改革委员会主管的、中国信息协会担任指导单位的、目前中国规模最大、拥有企业数据（会员）最多（目前已达100万户）的大型工商企业门户网站和信息平台。它拥有强大的检索功能、丰富的信息资源和完善的管理系统，是目前中国最权威的全国性互联网信息传播开放网络之一。

3. 地理、旅游信息的检索

（1）地理、旅游信息的传统检索

主要有：《世界地名录》《21世纪世界地名录》《中华人民共和国地名录》《中国古今地名大辞典》《最新世界地图集》《中华人民共和国分省地图集》《世界名胜词典》《中国名胜词典》《中国历史名城大辞典》《中国旅游大全》《华夏旅游蓝皮书》等。

（2）地理、旅游信息的计算机检索

①神州龙地图：神州龙地图网是由神州龙资讯联合星球地图出版社开发的、依托于国际互联网的新一代地图发布系统，在全国范围内面向大众提供交通查询、城市资讯及在线标注服务，它是以地图作为背景将地理信息与商业服务信息结合起来，以Internet为手段，给网友提供全方位信息资讯的地图门户网站。②图行天下：可以查询国内各大城市地图及交通车辆等信息。③中华地图网：中华地图网网站提供各类型地图，直接单击右侧（地图查询）或单击（多功能查询系统）进入中华地图信息查询系统，可实现多功能检索。

另外，还有地图公园、中国地名网、中国城市网、中国旅游大全、中国旅游网、锦绣中华网、中国旅游联合网、高参网等。

4. 历史事件信息检索

历史事件是指历史上曾经发生过并有记载的较有影响的重大事件，中学教师在教学中是经常会碰到的。

历史事件信息检索常用的传统工具书，主要有百科全书、年鉴、手册、辞典、年表、历表等。

历史事件信息的计算机检索主要是利用专业数据库资源，主要有：

（1）中国年鉴全文数据库

“中国年鉴全文数据库”是目前国内最大的连续更新的动态年鉴资源全文数据库。内容覆盖基本国情、地理历史、政治军事外交、法律、经济、科学技术、教育、文化体育事业、医疗卫生、社会生活、人物、统计资料、文件标准与法律法规等各个领域。

（2）中国工具书集锦在线

“中国工具书网络出版总库”是精准、权威、可信且持续更新的百科知识库，简称“知网工具书库”，或者“CNKI工具书库”。

“知网工具书库”是传统工具书的数字化集成整合，按学科分10大专辑168个专题，不但保留了纸本工具书的科学性、权威性和内容特色；而且配置了强大的全文检索系统，大大突破了传统工具书在检索方面的局限性；同时通过超文本技术建立了知识之间的链接和相关条目之间的跳转阅读，使读者在一个平台上能够非常方便的获取分散在不同工具书里的、具有相关性的知识信息。

“知网工具书库”集成了近200家知名出版社的3000余部工具书，类型包括语文词典、双语词典、专科辞典、百科全书、图录、表谱、传记、语录、手册等，约1500万个条目，70万张图片，所有条目均由专业人士撰写，内容涵盖哲学、文学艺术、社会科学、文化教育、自然科学、工程技术、医学等各个领域。

“知网工具书库”除了实现了库内知识条目之间的关联外，每一个条目后面还链接了相关的学术期刊文献、博士硕士学位论文、会议论文、报纸、年鉴、专利、知识元等，帮助人们了解最新进展，发现新知，开阔视野。

（3）中国历史课程网

教育部课程中心指导创办的中国历史课程网，是中国最有影响力和凝聚力、访问量、浏览量最高的历史教育网站。是一线历史教师专业研习不可或缺的资源平台。

下设栏目有：课程建设、试题精选、教学研究、教材研究、教学设计、测量评价、历史研究、教材资源、图说历史、历史论坛、历史博客。

其中历史论坛和历史博客的互动功能非常强大，尤其是博客形成了强大的历史教师交流群，现在有770个历史博客，大部分是历史教师个人建立的，更有《中史参》《历史教学》等杂志社办的博客，省级、区级、校级单位历史博客也很多。

另外，还有网络版百科丛书、网络版年鉴等。

四、工具书的检索方法

使用工具书时，要注意“前”“中”“后”三个部分。“前”指目次表，先查目次表，由查得的页码再转正文；“中”指书中正文部分，按正文编排体例直接查阅正文，如字典、辞典等都可从“中”开始直接查找。“后”指书末索引。许多参考工具书都有书末索引，书末多是按主题词字顺编排的，专指性强，使用起来很方便。

查找工具书可按以下3个步骤进行：① 分析研究课题，选择检索工具。② 根据参考工具书的排检特点选择检索方法。如一本字典按字顺法编排汉字，则按字顺查找；一部百科全书按分类编排内容，则按分类法检索；一本手册按主题词编排条目，则按主题词字顺检索。通常，我们可以通过浏览参考工具书的目录、编制说明、使用说明来了解参考工具的排检方法。③ 查阅和记录检索结果。

第三节　电子信息资源检索与利用

一、电子图书

（一）电子图书的检索与利用

电子图书一般包括网上免费的电子图书和基于商业目的制作的电子图书系统。

电子图书的检索主要是浏览式，其检索和浏览比较简单，主要包括通过访问网站对图书目录进行查找和通过网站对图书进行浏览。查找到需要的图书，然后进行浏览。这里着重介绍国内大型的和著名的电子图书系统，国内目前著名的中文电子图书系统有北大方正中文电子图书、书生之家“中华图书网”、超星数字图书馆和中国数图有限公司“网上图书馆”。

1. 超星数字图书馆

超星数字图书馆是国家“863”计划中国数字图书馆示范工程项目，由北京世纪超星信息技术发展有限责任公司投资兴建。目前有电子图书六十多万种，上亿页的资料，共包括文学、经济、计算机等五十余个大类。设文学、历史、法律、军事、经济、科学、医药、工程、建筑、交通、计算机和环保等十几个分馆。读者可通过互联网阅读其中的图书资料，也可将图书下载到用户的本地机离线阅读。目前多数省、市公共图书馆、高校图书馆购买了超星数据并建立了镜像。

（1）超星数字图书馆的访问

目前读者阅读及下载超星电子图书，可通过两种途径进行：一是个人用户购买超星读书卡；二是针对高校等集团用户，由学校购买数据库使用权提供本校师生员工检索利用。超星公司以IP或用户名方式进行访问控制，同时，也对有条件及有要求的学校提供电子图书的本地镜像。

（2）超星数字图书馆的使用步骤

①进入方式

个人用户可直接登录http：//www.ssreader.com.cn/网址进入主页。集团用户可直接通过本馆主页上“超星电子图书”链接进入本馆镜像站点。

②浏览器、注册器下载

阅读电子图书之前，须先下载浏览器并安装。浏览器下载可通过单击主页上方菜单栏中“浏览器”，依照提示，完成下载及安装。下载运行一次即可，以后再读书时，会自动启动浏览器。若需建立个人书签的新用户，请先注册，以便下次登录后阅读做过书签的图书。

（3）超星数字图书馆电子图书的检索

超星电子图书馆提供图书的分类检索、简单检索和高级检索。

①分类检索

在超星数字图书馆的首页上的“图书馆分类”栏目，将整个数字图书馆资源划分为“财政、金融图书馆”“辞典图书馆”“电工、电子、自动化技术图书馆”“化学图书馆”304等50个类目。在各个类目下，又有若干子类目，用户可通过逐层浏览类目查找所需要的文献资料。例如检索“机械设计手册”，则选择分类目录中的“工业技术图书馆”，根据课题继续选择“机械、仪表工业”“机械设计、计算与制图”，最终查找到所需要的若干个机械设计类手册，点击书名下方的【阅读】或【下载】按钮可实现在线阅读或下载。还可实现“发表评论”“添加个人标签”等功能。

②简单检索

简单检索提供图书的书名、作者、出版社及出版日期等检索点，检索操作简单方便。用户只需在超星数字图书馆主页左上角的“信息检索”栏内选择检索点，输入检索内容，单击【查询】即可。例如检索“自动化技术方面”的图书。首先进行检索范围的选择，选择“工业技术图书馆”或“全选”，再选择“书名”作检索点，然后在检索输入框内输入“自动化技术”，单击【查询】按钮，即可输出检索结果。

③高级检索

单击上图中的【高级检索】按钮，进入高级检索界面，按上述方式输入，字段之间默认为“与”关系。单击【检索】按钮，输出检索结果，检出的结果以题录形式显示，在每条记录下均有“阅读”“下载”“发表评论”“添加个人书签”等项，用户可以根据个人需要进行下一步选择。

（4）电子图书的阅读及下载

①阅读

在上述检索的结果中，单击书名下的【阅读】按钮，系统即打开浏览器，显示该书的目录页，在屏幕上方工具栏或单击右键，可提供各种供逐页或定位到指定页面进行浏览的功能。

②文字识别

单击“图书”菜单中的【区域选择】按钮，拖动鼠标选择要识别的区域，松开鼠标键后即弹出一个对话框，为已识别的文字，用户可对该识别的内容进行编辑、保存等。

③做读书笔记

单击识别文字图标中的【加入采集】按钮，即可将PTF格式的文字内容通过OCR识别成文本格式，导入笔记本中。单击页面下面导览控制栏中书名继续阅读；单击【加入采集】按钮，打开笔记，添加或修改读书笔记内容，或通过单击识别文字图标中的【保存】按钮，确定存放路径，直接保存为文本文件。

④添加个人书签

书目清单中单击书名下方的【添加个人书签】按钮，系统提示“添加成功”。下次登录后，做过标签的书会出现在主检索页面的下方。单击【书名】按钮，则打开目次页。阅读时单击【添加书签】按钮或菜单栏上的【书签】，可保存页码，以便下次继续阅读。

⑤下载电子图书

阅读图书时单击【工具】按钮或鼠标右键，在下拉菜单中选择【下载】，确定存放路径，单击【确定】按钮即可。右击选项框中【我的图书馆】按钮，可根据个人需求新建分类，如“文学”“教育”等，以便下载存放到相应类目。也可直接下载到所指定的位置。

2. 书生之家电子图书

“书生之家”由北京书生科技有限公司创办。它是以书生全息数字化技术为核心技术而建立起来的一个全球性网上开架书、报、刊交易平台和中国信息资源电子商务平台，下设中华图书网、中华期刊网、中华报纸网、中华资讯网等子网，集成了图书、期刊、报纸、论文等各种出版物的（在版）书（篇）目信息、内容提要、精彩章节、全部全文。目前已有中文图书22万余种。

（1）“书生之家”网的使用

①链接

键入书生之家中华图书网的网址进入书生之家数字图书馆广域网首页。

②下载书生阅读器

阅读书生之家的电子图书，需要先下载并安装书生阅读器。单击首页左上方【书生阅读器下载】按钮，依照提示，完成下载及安装。下载运行一次即可，以后再读书时，会自动启动书生阅读器。

③注册

阅读书生之家电子图书，需先进行注册、账户充值购买，方可有权检索、浏览（在线阅读）。以IP方式访问的高校集团用户可直接通过IP验证进行检索阅读。

（2）“书生之家”电子图书的检索

“书生之家”提供电子图书的分类检索、简单检索、书目检索、组合（高级）检索、全文检索、二次检索等六大检索功能。

（3）检索结果显示

检索结果以逐条记录的形式显示，在“翻看”一栏，注明了该书是否可以在线阅览全文信息。用户如需查看详细信息，则选择要查看的记录，单击【进入】链接。

（4）阅读电子图书

选择阅读某书后，系统自动调出已安装在客户机上的书生阅读器，打开该电子文献，实现全文阅读、下载等。

3. 中国中学数字图书馆

中国中学数字图书馆是我国第一个面向中学的数字图书馆。它包括“中国基础教育知识仓库”“清华同方多媒体教育教学素材库”“百科知识库”“图书库”“教材库”，能很好地满足教师教学、学生学习和学校管理的需要。“中学数字图书馆”的内容按不同的主题进行了分类，非常容易查找，而且检索起来也很方便，提供了标题、作者、关键词、摘要、全文等各种检索途径，只要输入所找内容的关键词，就可以在图书馆中所有数据库里查寻，从而获得大量所需信息。“中学数字图书馆”的内容来源于正式出版物，并且进行了深度加工和整合，与散布在网上那些未经筛选、真伪难辨且无序的信息有本质区别。中国中学数字图书馆是通过Internet.镜像和光盘的方式向中学学生、教师和教育机构提供服务的，最终读者可以根据自身的条件选择使用方式。

4. 中文在线中学数字图书馆

中文在线中学数字图书馆是国家规划教育部重点课题项目“中学数字图书馆建设研究”的科研成果，它主要面向中学生和家长，是学生课后学习、考前复习、开展研究性学习、培养兴趣、拓展课外阅读、开拓视野、全面成长的知识平台，也是家长学习家庭教育方法、工作充电、休闲阅读、热点阅读的知识平台。包括中文eBook Maker、中文eBook Writer、中文eBook Packager，将各种内容格式的数据文件转换为中文格式的数据文件，然后对未加密的图书内容加工（标注、生成目录、增加元数据等），对数据文件进行分类组织，打包，添加附加信息，然后加密和生成加密的图书包和信息描述以及版权授权信息。中文在线数字图书馆管理系统包括图书数据的入库（分类、编目等）、用户的管理、版权控制的设置、安全的借阅和还书（对于非共享的图书，即不计拷贝的图书）；对于共享的图书，通过设备范围限制来达到受限的访问的目的。其终端阅读系统支持数字图书馆应用的中文eBook Reader。

5. 方正Apabi数字图书馆

方正Apabi数字图书馆整体解决方案顺应网络时代发展新潮流，以极少的投入迅速建成数字图书馆平台，提供出版社最新正版电子书，实现自有馆藏数字化及安全发布管理，读者将从此享受网络阅读的轻松与乐趣。其收录了全国400多家出版社出版的最新中文图书，绝大部分为2000年以后出版的，并与纸质图书同步出版。方正电子图书为全文电子化的图书，可输入任意知识点或全文中的任意单词进行检索，支持词典功能；也可在页面上进行添加书签、划线等多种操作，内容涵盖广泛，检索、阅读方便快捷。

Apabi中学数字图书馆收藏适合师生阅读、查询使用的电子书，包括教材教辅、社科知识、文学知识、科普知识、“教改”方向的书籍，还可以数字化并发布管理教参讲义、网络课程、文档资料、学生优秀作文或课题研究报告、试卷题库、其他特色资源。其使用范围及功能可以分为：阅览室用户：不受复本数限制，亦不占用复本数，可随时查询借阅所有电子资源；电子阅览室（计算机教室）：方便急需使用电子资源的师生无限制地查询使用所有电子资源；图书馆办公室：方便相关人员了解所有馆藏电子资源；各年级办公室：方便各年级师生在本年级无限制地查询使用所有电子资源；老师办公室：方便老师在制作讲义、做某些课题时对相关电子资源的查询借阅；学生宿舍：方便学生在宿舍即可借阅其感兴趣的电子资源；校外（老师家中、学生家中、其他社会人士）：方便师生、其他人士“足不出户”即可借阅电子资源。

（二）网上免费电子图书的检索

1. 用搜索引擎检索

电子图书是网上比较热门的免费电子资源之一，对网络电子图书感兴趣的读者有很多免费阅读的途径，利用搜索引擎是一个很好的途径，只要任意地键入一些与图书有关的词汇，如电子图书、网络小说等，便可得到较多相关信息。

2. 用网站上的电子图书目录或链接

用网站上的电子图书目录或链接等可更快捷地获得电子图书信息。可提供电子图书目录或链接的网站很多，如“全景中文图书/小说大全”，就提供了很多中文电子图书的目录。另外一些大学图书馆等文献资源单位也把网络电子图书作为自身的网络资源服务的一部分，并花费较大精力来建设这部分资源，这些都是可以好好利用的。

3. 网上免费电子图书网站

（1）文学作品索引

该网站提供了许多信息链接，这些链接指向那些通过Internet提供服务的站点。

（2）中华书库

中华书库是一个综合性文学站点，包括古典文学、现代文学、当代文学及外国文学等。

（3）文学信息资源

Internet上存在大量的文学信息资源，这些网站为用户寻找和访问这些资源提供了索引服务。

（4）北极星书库

该书库收录网上流传的众多电子书籍，内容包括中华古籍、各类文学作品、科普著作、宗教哲学历史和学术名著、经济贸易、传记和英文原著等。

（5）清韵书院

收录包括文学、艺术、饮食、科幻等类作品。

（6）诺贝尔文学奖作品

通过该网站可了解诺贝尔文学奖的历史和颁奖情况。

（7）Lycos黄金书屋

由Lycos亚洲公司创办，包括古典文学、现代文学、武侠小说、科幻小说、军事天地、纪实文学、外国文学、侦探小说、政治经济、哲学宗教、电脑书籍、历史作品、英文经典、科普读物、儿童文学、文学评论等。

（8）书香门第网络图书馆

它是一个创办较早的网络图书馆，主要收录文学、经济、哲学、历史以及英文原版图书等。

二、电子期刊

（一）电子期刊的检索与利用

电子期刊的检索主要包括电子期刊目录的检索和电子期刊本身的浏览检索。浏览检索的方法较简单，一般是采用“循序渐进”的浏览方式，用户只要根据期刊上的“导引”就能很好地实现浏览功能。网上有许多电子期刊目录或导航系统免费代用户查询或访问感兴趣的某种期刊所在的站点，这些目录或导航系统有的是综合性的，有的是关于某一领域的。

下面介绍几种主要的电子期刊信息检索工具：

第一，维普“中文科技期刊数据库”“中文科技期刊引文数据库”“中国科技经济新闻数据库”。该数据库收录有中文报纸1000种，中文核心期刊、重要期刊等12000种。

第二，中国期刊网的“中国期刊全文数据库”该数据库收录了1994年至今国内几千余种核心期刊和专业期刊中的论文全文几百万篇。该库分为A ～19个专辑，即：理工A辑、理工B辑、理工C辑、医药卫生辑、农业、文史辑、经济政治与法律辑、教育与社会科学辑和电子技术及信息科学辑。

第三，中国知识基础建设工程（CNKI）主项目“中国期刊全文数据库”（CDJ）。针对教学科研、参考学习、决策经营、技术创新、科技查新等多方面的需要，收录中国大陆出版的几千种核心期刊和专业特色期刊，连续动态更新。内容分为9大专辑，126个专辑。

第四，中国人民大学的“人大报刊复印资料全文数据库”这是国内大型的文献数据库，它囊括了1995年以来印刷版《复印报刊资料》百余种专题刊物的全部原文，现有文献记录13万多条，归为教育、文史、经济、政治四大类，每类按年度编排。它的检索非常方便，先选定学科数据库，再按它提供的字段检索和复合检索即可检索到所需资料。该数据库全文浏览阅读时不需要下载专用的浏览器。

第五，中国资讯行的“中文媒体库”“中国经济新闻”“中国人物库”“中国统计数据”等15个数据库。

第六，中国高等教育文献保障系统（CALIS）。

目前，已建立了一系列国内外文献数据库，包括联合目录数据库、中文现刊目次库等自建数据库和引进的国外数据库，开发了联机合作编目系统、联机公共检索（OPAC）系统、馆际互借与文献传递系统等，形成了较为完整的CALIS文献信息资源网络。

第七，各种试用数据库检索。一些高校图书馆经常有试用数据库，一般数据库在试用期间无特别限制，可以查找资料原文。我们可以利用搜索引擎找到试用网址。如以“中国资讯行+试用”为检索式，可查到浙江某学院、社科院等不少没有IP限制的有全文查阅权限的数据库试用网址，类似的还有维普等数据库。

目前，随着基础教育领域信息化建设步伐的加快，集中提供利用率高的教育教学资源是最为需求的。为此，龙源期刊网推出的“中学电子期刊阅览室”，将师生经常阅读的千余种杂志做成电子版整合到为学校量身定制的系统平台上，通过便捷的技术手段放到学校的局域网或校园网上，供师生在线阅读的电子期刊内容库。该网以整刊呈现，网络出版，符合师生传统阅读习惯；每刊更新及时，基本与纸版同步面市。同时提供多种格式：文本格式期刊，大部分采用此方式存储，可以复制、粘贴，快捷方便；原文原貌期刊，基本与纸版无异，并可以直接切换到文本；语音版期刊，将文章采用男女两种声音版本朗读出来，MP3格式存储，可在线收听，也可以下载到本地收听。如今，龙源期刊网的“中学电子期刊阅览室”已经被许多中学图书馆广泛使用，并受到了师生的一致好评。

（二）网上免费电子期刊检索方法

1. 检索步骤

（1）查找到某一本特定的期刊

一般按照刊物内容所属的专业（specialty）和刊名字顺检索。另外英语以外的其他语种单独排列，对于影响因子较高的期刊、最新加入免费的期刊特别列出，还可以按照免费可得与印刷出版时差的不同选择期刊。

（2）查找到具体的全文

找到具体的期刊以后，通过点击期刊刊名即跳转进入到相应期刊的网站，不同期刊网站中文献的检索方式不尽相同，一些通过简单的篇名检索得到文献，多数期刊是通过年代、刊期等，逐步点击浏览到具体的文献。

2. 检索途径

（1）通过提供电子期刊链接的网站

龙源国际名刊网收录的期刊包括文学、经济、技术、科普、健康、文摘等几十类知名期刊，其中提供龙源文摘供免费阅读。期刊检索、期刊导读中可以检索和浏览期刊文章目录信息，阅读全文需要付费。另外还提供投稿中心，读者可以投稿，龙源再将稿件转交相应的杂志社。

（2）通过搜索引擎获取

在查找不知网址的电子期刊时，搜索引擎仍然是常用的一种检索方法。有些搜索引擎中提供了关于电子期刊的一些类目，直接单击可以获得一些电子期刊的链接点。

此外也可以直接输入期刊名称进行检索，但多数情况下，利用搜索引擎很难直接得到期刊中论文的具体信息。为了改变这一状况，参与学术性文献的提供，有的搜索引擎也做出了新的尝试。

三、电子报纸

（一）电子报纸的检索与利用

电子报纸一般包括网上免费的电子报纸和基于商业目的制作的电子报纸，后者有些以单独的报纸全文阅读系统的形式出现，有些则被收录进其他的电子出版物，如全文数据库中的电子报纸。

电子报纸在全文数据库中的组织方式主要有两种：一种是将整份报纸内容收录进全文数据库中，在收录的起止年代内，可按年月日进行报纸浏览，也可利用全文数据库的检索功能进行检索，例如ProQuest全文数据中的电子报纸。另一种也是将整份报纸内容收录进全文数据库中，但不能实现报纸的年月日'浏览，只能通过检索查询到具体的报纸文章后再进行阅读，例如“中国期刊网”中的“重要报纸数据库”“中国财政报刊数据库”，“中国资讯行”中的“中文报刊库”等。

（二）网上免费电子报纸的检索

1. 用搜索引擎检索

目前比较著名的、大型的报纸都已上网，网上有许多免费的电子报纸，利用搜索引擎可以很方便地查找网上免费电子报纸。

2. 用网站上的电子报纸目录或链接

用网站上的电子报纸目录或链接可更快捷地获得电子报纸信息。可提供电子报纸目录或链接的网站很多，如中国新浪、中华网、263等。

3. 网上免费电子报纸网站

重点介绍几种中学图书馆常见的报纸：《人民日报》《光明日报》《新华日报》《中国青年报》《中国教育报》《中国教师报》。

第四节　网络信息资源检索与利用

随着互联网的飞速发展，网上资源日新月异，呈爆炸性增长。网络已经深入到我们学习和生活的方方面面，网络正在不断改变着我们的生活方式，网络的使用已日益受到人们的青睐。由于网络的新颖与多姿多彩，以及网上信息量大而繁杂，人们需要交流使用网络的知识与经验，以达到更好更快地使用网络及网络资源。而网络教育资源检索与利用就是指导读者获得有用的网址、网络资源的特征、搜索引擎的分类及其检索方法与技巧等。

一、网络信息资源的概念

网络信息资源是通过计算机网络可以利用的各种信息资源的总和。Internet是世界上信息资源最丰富、用户最多、影响最大的计算机网络。其应用发展速度极为迅猛。人们可以通过Internet网络中及时地检索到世界各地的各种信息，可以方便地检索到世界各地的联机图书馆、数据库，访问其中的信息，获取最新信息。

二、网络信息资源的特点

（一）数量大、种类多

互联网是一个基于TCP/IP协议联结各国、各机构数十万计算机网络的通信网，是一个集各种信息资源为一体的信息资源网，由于政府、机构、企业、个人都可以在网上发布信息，因此成为无所不有的庞杂信息源，如在网络教育类信息中，除文本信息外，还包括大量的非文本信息，像图形、图像、声音信息等，还包括全文信息，呈现出多类型、多媒体、非规范、跨地理、跨语种等特点。

（二）内容丰富、范围广

网上信息资源几乎是无所不包，而且类型丰富多样，覆盖了不同学科、不同领域、不同地区、不同语言的信息资源，在形式上包括文本、图像、声音、软件、数据库等，堪称多媒体、多语种、多类型的混合体。内容包括学术信息、商业信息、政府信息、个人信息等。目前教育科学网站大致有两大类：一类偏重于大众科学知识的普及，另一类偏重于教育理论的研究。无论是哪类用户只需通过鼠标的轻点，便能快速地从相关网站或网页找到所需的教育科学信息，比起到图书馆寻找同样内容的书刊要方便得很多。

（三）形式多样、分布广泛

网络信息被存放在网络计算机上，一方面由于信息资源分布分散、开放，显得无序化；另一方面由于网络特有的超文本链接方式，强大的检索功能，使得内容之间又有很强的关联程度。通过各种搜索引擎及检索系统使信息检索变得方便快捷。

（四）动态发展、更新速度快

网上的信息具有高度动态性，不但各种信息处在不断生产、更新、不断淘汰的状态，它连接的网络，网站、网页也都处在变化之中，任何网站资源都有可能在短时间内建立、更新、更换地址或消失的可能，使得网上的信息资源瞬息万变。如一些网站还在主页上跟踪刷新教育方面的最新动态，突出了网络信息的新颖性，特别是各大学网页含有大量的教育科学信息。网络媒体的信息传播速度及影响范围，使得网络教育信息的时效性增强，信息更新速度快。

（五）交互性强、共享程度高

网络信息资源中基于电子平台、数字编码基础上的新型信息组织形式——多媒体，不仅集中了语言、非语言两类符号，而且又超越了传统的信息组织方式，因为它能从一种媒介流动到另一种媒介；它能以不同的方式述说向一件事情；它能触动人类的不同感官经验。多媒体本质上是互动的媒体。而网络教育信息除了具备一般意义上的信息资源的共享性外，还表现为一个Internet网页可供所有的Internet用户随时访问，不存在传统媒体信息由于副本数量的限制所产生的信息不能获取现象。

同时，由于信息存储形式及数据结构具有通用性、开放性和标准化的特点，它在网络环境下，时间和空间范围得到了最大程度的延伸和扩展。用户不需排队等候就可以共享同一份信息资源。

三、网络信息资源检索的一般方法

读者在网上获取信息，一般有以下几种检索方法：

（一）浏览

用户在网络上随意地浏览，将一些意处发现的有用信息的网站地址，主要是一些网上期刊、数据库以及信息机构等的网址记录下来，进而获取网络资源，这是一种日常对URL（网址）进行积累的方法。

（二）通过网络资源指南查找信息

是指利用由专业人员开发出来的网络资源主题指南来检索信息的办法。如Yahoo!就是广为人知的综合性主题分类树体系的网络资源指南。

（三）利用网络信息检索工具查找信息

网络信息检索工具为网上查询信息提供了诸多途径。查询不同类型的资源要使用不同类型的检索工具，如典型的传统信息检索工具有Gopher，目前流行的是WWW检索工具—搜索引擎。

四、网络信息资源的检索技术

网络信息检索技术是指应用信息检索过程的原理、方法、策略、设备条件和检索手段等因素的总称。Internet检索工具上将整个网上的信息资料加以存储和检索，这个过程一般包括信息的收集、整理、分类、索引，从而产生数据库以提供检索，并将相关联的信息按一定规则组织起来，提供查询方式。它的模式有一个共性，即都有一个与数据库绑在一起的检索工具。有一个自动检索程序经常搜索Internet的内容，并将找到的结果信息送回到集中管理的数据库，然后检索商在他们的站点上提供一种表格，供用户检索其数据库以寻找与他们特定标准相匹配的内容。要从网上准确获取所需的目标资源，关键在于各种检索技术的运用。

目前Internet上的检索工具主要提供分类目录检索和关键词检索两种途径。

（一）分类目录检索

分类目录检索索引数据库通常称为目录（Catalog），该目录是由人工进行分类建立的，类似于图书馆的目录，适合于主题较宽或要求较为简单的查询。使用Web分类目录时，首先访问分类目录站点，然后从顶层逐步向下查询子目录。当读者选择了一个分类目录时，只要点击，此时分类目录或者进入选定的下一级子目录，或者进入一组站点列表。当发现自己需要的站点时，可点击站点名称，实现链接。

使用分类目录进行信息搜索的基本步骤是：①在Web浏览器中，根据URL地址，打开搜索工具的主页。②在计算机屏幕上根据分类目录的结构从顶层逐步向下查询子目录。③选择需要的类目，点击一下它，分类目录或者进入选定的下一级子目录，或者进入一组站点列表。④选择需要的站点，点击站点名称，实现链接。⑤检索结果的显示与选择。

（二）关键词检索

关键词检索主要是指利用搜索索引查找网页的方法，适合于主题较为专指、细小或狭窄的查询。

使用搜索索引进行信息搜索的基本步骤是：①根据URL地址，调用查询工具的主页。②在计算机屏幕上的信息检索输入框中，键入关键词或查询短语。③查询提交（Submit）后，搜索索引立即进行实时交互式的信息查询。④显示搜索结果。结果页面通常包括一系列资源标题和相应的资源描述，以及指向这些资源的链接。通过资源标题和URL地址，可以进一步搜索你所需要的信息。

另外，还有既适用于网络信息检索也适用于光盘数据库检索的计算机检索技术。即：布尔逻辑检索技术、位置算符、截词符、限制检索、全文检索技术、构造检索式、加权检索。

五、网络信息资源检索工具及检索技巧

在网络环境中，数字信息资源的检索是由人通过计算机来进行的，与传统的文献检索相比，它提高了检索效率和检索的准确性，节约了人力和大量时间，逐步深入到了学习生活的各个方面。网络资源检索中常用的就是搜索引擎，搜索引擎主要是使用一种计算机自动搜索软件，在互联网上检索，将检索到的网页编入数据库中，并进行一定程度的自动标引，用户使用时输入检索词，搜索引擎将其与数据库中的信息匹配，然后产生检索结果。

（一）网络信息资源检索工具——搜索引擎

1. 搜索引擎概述

搜索引擎是许多网站专门提供用于查找各类Internet网络信息资源所在网页和网址的一种通过自动跟踪标引技术的检索工具或称专门网站。搜索引擎以一定的策略在互联网中搜集、发现信息，对信息进行理解、提取、组织和处理，并为用户提供检索服务，从而起到信息导航的目的。它所提供的导航服务已经成为互联网上非常重要的网络服务，搜索引擎站点也被美誉为“网络门户”。它已成为人们获取信息的必备工具，你只需输入几个关键词，搜索引擎就会将散落在世界各个角落的资讯汇集到你眼前。

2. 搜索引擎的分类

搜索引擎作为Internet网络信息检索的重要工具，其数量非常之多，人们可以按各种标准对其进行分类，通常使用的有：中文搜索引擎、西文搜索引擎、关键词搜索引擎、目录搜索引擎、文本搜索引擎、专业搜索引擎、多媒体搜索引

擎等。

中文搜索引擎：主要有百度搜索、新浪搜索、yahoo！搜索、搜狗搜索。

（二）搜索引擎的检索技巧

搜索引擎的出现大大方便了读者搜索网上的信息，但其本身所固有的差别往往使不熟悉的用户难以获得满意的检索效果。为提高检索效果，读者必须掌握一定的检索技巧，灵活运用各种检索策略，通常可以从以下几方面入手：

1. 选择合适的搜索引擎

检索大量网址信息、广泛性信息、扩大检索范围，可用目录式搜索引擎；检索细节性问题、具体问题、缩小检索范围，多选索引式搜索引擎。

2. 确定搜索途径

主要有两种搜索途径：分类浏览和关键词检索。根据不同的检索目的选择正确的搜索途径，才能达到较好的检索效果。

3. 选用搜索选项

搜索引擎的搜索选项，一般用以限定搜索范围，使查找相关内容更加容易。

4. 选用准确的关键词

选择关键词时，不使用常用词和泛指词，尽量使用专指词和下位词。

5. 正确制定搜索表达式

熟悉所检索的主题，尽可能使用专指词，有效限制检索范围。

6. 使用多种方法，优化检索结果

为提高查准率，可缩小检索范围：使用搜集引擎的词组检索、邻近检索、二次检索、限定字段等。为提高查全率，可扩大检索范围：使用同义词、近义词，以尽可能全面覆盖检索范围；尝试其他搜索引擎；使用多种搜索引擎；使用多元搜索引擎，以弥补单个搜索引擎数据库容量不足的缺陷。

7. 阅读引擎的帮助信息

注意阅读搜索引擎操作、运算符和使用规则的说明有助于有效的检索。当然，对于不同的搜索引擎，其具体用法各不相同，必须遵循各自的检索规则，才能获得满意的检索效果。另外，我们可以通过中文搜索引擎指南网站，更加全面详尽地了解“搜索引擎”。

（三）常用搜索引擎的介绍

1. Baidu百度搜索引擎（http：//www.baidu.com）

百度是国内最大的商业化全文搜索引擎，在中文搜索支持方面有些地方甚至超过了Google，是目前国内技术水平最高的搜索引擎。目前全国已有多家大型网站采用了百度引擎，如新浪、搜狐、炎黄在线、Chinaren、赛迪网、清华大学、腾讯等，可见其影响力之大。

（1）检索方法——关键词检索

只需在搜索框内输入所要检索内容的关键词，单击［百度搜索］按钮即可得到检索结果。同时，可根据用户需要进行不同功能模块——新闻、网页、贴吧、图片和目录的任意切换，在无功能选择时默认为网页搜索。如用鼠标单击“更多”按钮，进入功能模块全页面显示，可任意选择。如单击【网站】进入百度网站检索界面，它是一个类似于图书馆分类方式的主题目录。百度网站导航也采用主题分类的方法，人工维护、更新，及时为您推荐最优秀的网络资源，是您在互联网上查找信息的快速指南。用户可以根据需要选择页面左边的分类目录进行检索，也可直接链接右边的相关检索网站。也可进行关键词检索。单击主页面“高级检索”，进入高级检索界面，利用百度搜索引擎的高级检索功能，可以更直观地在各输入框内键入检索范围限定，包括时间、语言、地区、关键词位置等，同时还可以对结果显示加以限定。所有限定一次到位，不失为一种非常方便的检索方法。

（2）检索技巧

① 支持布尔逻辑“AND”“NOT”“OR”的检索

使用时应注意：使用“AND”时，以空格代替“AND”或“+”通配符。“NOT”使用限定其后的检索词，不用加空格。例如搜索“计算机编程语言”但不包含“C#l”的信息，可在检索输入框内输入“计算机编程语言-C#l”即可。

用通配符“/”来表示“QR”的关系，如要查询“世界杯”或者“意甲联赛”相关资料，只需在检索输入框内键入检索式“世界杯/意甲联赛”，单击［搜索］按钮即可。

②百度提供相关检索

如果用户无法确定输入什么词语才能找到满意的资料，可以试用相关度检索。即先输入一个简单词语搜索，然后，百度搜索引擎会为您提供“其他用户搜索过的相关搜索词语”做参考。这时，只需单击其中一个相关搜索词，就能得到那个相关搜索词的搜索结果。

③百度搜索引擎不区分英文字母大小写，所有字母均作小写处理

同时百度提供中文繁、简体的检索，只要用户输入标准编码的繁体中文或简体中文，就可以同时搜到繁体中文和简体中文网页。并且，搜索结果中的繁体网页摘要信息会自动转成简体中文，方便用户阅读。

④百度搜索引擎支持搜索位置的限定

检索时，在一个网址前加“site：”，可以限定只搜索某个具体的网站或某个域名内的网页，需要注意的是，在输入时，关键词与“site：”之间必须用一个空格进行分隔；在一个或几个关键词前加“intitle：”，可以限定只搜索网页标题中含有这些关键词的网页。

（3）其他特殊功能

第一，百度快照是一个广受用户欢迎的特色功能，解决了用户上网访问经常遇到死链接的问题：百度搜索引擎已先预览各网站，拍下网页的快照，为用户储存大量应急网页。即使用户不能链接上所需网站时，百度为用户暂存的网页也可救急。而且通过百度快照寻找资料往往要比常规方法的速度快得多。

第二，百度还具有中文搜索自动纠错的功能，如果用户误输入错别字，可以自动给出正确关键词提示。

第三，百度搜霸是一款免费的浏览器工具条，下载后安装在IE浏览器的工具列内，用户无须登录百度搜索引擎，即可利用该工具条进行即时检索。

2. Google搜索引擎

Google成立于1997年，目前Google每天处理的搜索请求已多达几亿次。Google数据库存有30亿个Web文件，属全文搜索引擎。允许以多种语言进行搜索，同时还可在多达40多个国别专属引擎中进行选择。其特色在于采用一种新的搜索方法，即一种包含对Word-Wide-Web的链接结构进行分析和大规模挖掘技术，不仅能够扫描搜索关键词，还可以阅读页面全文。

（1）检索方法

Google的首页很清爽，具有界面简洁、检索精确度高、质量高等特点。在检索输入框上方排列了多个大功能模块：网页、图片、新闻、论坛和网页目录等，可根据需要任意切换，默认是网页搜索。

基本搜索：用户只需在搜索框内输入所要检索内容的关键词，根据需要选择“所有网站”“中文网页”或“简体中文网页”，回车或单击［Google搜索］按钮即可得到检索结果。Google严谨认真，对查询要求一字不差。如对“饭店”的搜索和对“酒店”的搜索，会出现不同的结果。因此在搜索时要选用不同的关键词。

在Google查询时不需要使用“AND”,Google会在关键词之间自动添加“AND”，Google会提供符合检索用户全部查询条件的网页。想逐步缩小搜索范围时，只需输入更多的关键词，并在两个及多个关键词之间加空格，或在想删除的内容前加上“-”号（切记要在减号前留一空格），即可缩小搜索范围。

Google不支持“OR”搜索，所以Google无法接受“或者包含词A，或者包含词语B”的网页，要查询“牛奶”或“鸡蛋”，就必须分两次查询，一次查“牛奶”，一次查“鸡蛋”。

Google不支持词干法和通配符（截词检索）。这就要求输入的关键词完整、准确。例如，查询“google”或“googl*”，不会得到类似GooglerMgooglinn的结果。

Google检索还不区分英文字母大小写，所有字母默认为小写。

（2）检索技巧

第一，使用忽略词语。如Google通常忽略“http”“com”等字符，以及数字和单字。此类字过于频繁出现于大部分网页，不仅无助于查询，而且大大降低搜索速度。

第二，使用专用语查询。在专用语上加双引号，可以实现准确检索。这种方法在查找名言警句或专用名词时显得格外有用。

第三，支持使用短语连接符，如标点符号“-”“‘”“+”“=”“,”等。如moth-er-in-low一词尽管没有加引号，也可作为专用语看待。

第四，某些词面添加冒号。可以查找链接到此网址的所有网页。但此方法不能与关键词查询联合使用。

第五，用“+”可将这些字词强加于搜索项，但“+”之前必须留一空格。

除利用上述运算符构造检索式进行检索外，也可利用Google的高级检索功能进行更直观的深层检索。如可对检索语言、文件格式、时间、检索词在结果中的位置等进行检索结果的限定。

除了搜索之外，还支持新闻组的Web方式的浏览和张贴功能。具有目录服务、PDF、文档搜索、地图搜索、电话搜索、工具条、搜索结果翻译、搜索结果过滤等更多的功能。

（3）Google的特殊功能

Google提供了一些全新的功能，如“手气不错”“网页快照”和“类似网页”等。

第一，手气不错。输入关键词后，按下“手气不错”按钮将自动进入Google查询到的第一个网页。您将完全看不到其他的搜索结果。例如，要查找Stanford大学的主页，只需在搜索字段中输入“Stanford”，然后单击“手气不错”按钮。Google将直接带您进入Stanford大学的官方主页www.Stanford.edu。又如，要查找“北京大学”，只需输入“北京大学”，再单击“手气不错”按钮，Google就直接带您到北京大学的首页。

第二，网页快照。当搜索内容站点或网页不存在时，用户可以调用Google事先为用户储存的大量应急网页，经Google处理后，搜索项均用不同颜色标明；另外还有标题信息说明其存档时间日期，并提醒用户这只是存档资料。实际上Google将检索的网页都做了一番“快照”，然后放在自己的服务器上，这样做的好处是不仅下载速度极快，而且可以获得互联网上已经删除的网页。

第三，相似网页。单击“相似网页”按钮链接时，Google侦察兵便开始寻找与这一网页性质类似的网页，一般都是同一级别的网页。例如：若当前页是某中学的首页，那么Google侦察兵就会寻找其他中学的首页；如果该当前页是某中学教导处，Google侦察兵就去找其他中学的教导处，而不是其他中学的首页。Google侦察兵可以“一兵多用”。如果检索者对某一网站的内容很感兴趣，但又觉得信息量不够时，Google侦察兵会帮您找到其他有类似资料的网站；如果检索者需要寻找某种产品的信息，Google侦察兵会提供相关信息，供用户比较，做出选择；如果检索者在某一领域做学问，Google侦察兵会帮助您快速找到大量资料。

除上述功能外，还有计算器、查询电话号码、股票报价、查找字典释意、查找地图、页面翻译、单词纠正、繁简转换等功能。我们可以借助于Google帮助中心的特色服务进行学习。

3. 中国雅虎

中国雅虎（Yahoo！）于1999年9月正式开通，是雅虎在全球的第20个网站，是目录式搜索引擎的代表，收录了全球资讯网上数以万计的中文网站，站点目录分为多个大类，每个大类又链接细分若干小类，检索简单、方便。

（1）检索途径

中国雅虎以其详尽明确的分类为用户提供强大的检索功能。可通过分类及关键词两种检索途径来完成读者的检索需求。

作为目录型搜索引擎的代表，中国雅虎主要依靠主题式分类目录来查询信息。中国雅虎将其收录的信息分为艺术与人文、新闻与媒体、商业与经济、休闲与运动、电脑与互联网、教育、科学、娱乐、政府、参考资料、国家与地区、社会科学、社会与文化、健康与医药14个大类，各个大类下设若干小类，用户可以通过分类目录逐级接近检索主题。每一类目链接它的一个首页，内容更加丰富。

除了按照分类目录进行检索外，中国雅虎主页面和各分类搜索页面还提供关键词检索。用户只需在检索输入框内键入要搜索的关键词，单击“搜索”按钮，雅虎搜索引擎就在其数据库中搜索出含有该关键词的信息，反馈给检索用户。另外，中国雅虎又增加了高级检索功能，可以实现对“文档格式”“时间”等的限定，提高查准率。

（2）检索方法和技巧

第一，中国雅虎支持布尔逻辑检索。用户通过使用布尔逻辑关系构造逻辑检索式来精确检索结果。但需注意：雅虎只支持“逻辑与”（AND）和“逻辑非”（NOT）关系检索，不支持“逻辑或”（OR）的检索。

第二，检索式中可以使用“ ”，使检索结果始终是一个完整的词组而不被分开。如果希望某些词一定要出现在检索结果中，则可在该词前面加上“+”；相反，如果希望某些词一定不出现在检索结果中，则可在该词前面加上“-”。

第三，指定关键字出现的段落，在关键字前加t：搜索引擎仅会查询网站名称；在关键字前加u：搜索引擎仅会查询网址（URL）。

第四，雅虎搜索引擎不区分英文字母大小写。无论您输入大写还是小写字母都可以得到相同的搜索结果。例如：输入“yahoo”或“YAHOO”，结果都是一样的。

（3）检索结果

雅虎在检索结果输出页上，根据所选的检索方式不同，其结果输出页面也略有不同。当用户选择浏览雅虎分类目录时，选择符合条件的类目直接进入的相关页面，单击分类网站中“相关信息”链点来浏览符合条件的相关信息，同时，中国雅虎主界面和分类搜索网站都提供有关键词的检索，通过检索入口进行关键词的相关检索，且结果页面中用户可选择“相关类目”“相关网站”“相关网页”“相关新闻”等来得到同一检索式的不同结果。

雅虎会根据分类类目及网站信息与关键字串的相关程度来排列出相关的Yahoo!中文类目和网站。相关度越高越排在前面。影响网站相关程度的主要因素有：网页中与关键字串相同越多，相关程度越高；网页中与关键字串完全符合的高于部分符合的相关程度；网站名称（或新闻标题）符合关键字串的，高于网址（或新闻内文）符合关键字串的网站相关程度。

（4）其他功能

中国雅虎和Google合作，使得Yahoo!中国的搜索功能更加强大。当用户使用Yahoo!中国进行搜索时，所得到的检索结果将是中国雅虎本身的数据库与Google所指向数据库中的相关内容。如果用户检索的关键字词在中国雅虎的数据库内，那么检索结果会在“相关类目”和“相关网站”中；如果用户检索的关键字词在Google的数据库中，那么检索结果会在“相关网页”中。

4. 搜狐

搜狐创立于1998年，是中国首家大型分类查询搜索引擎，它采用人工分类技术对搜集的站点进行分类，并在目录下建立目录树体系，形成独具特色的分层目录系统。目前，搜狐从中国首家大型分类查询搜索引擎，发展成为用户喜爱的综合门户网站。到目前为止，建立了以新闻中心、产经中心、生活中心、娱乐时尚四大版块为主体，内容丰富的频道体系。为广大信息用户提供网上社交、学习、生活和购物的理想场所，成为中国网络用户进入互联网的通道。

（1）检索途径

实验，关键词检索。搜狐提供方便的关键词检索。无论是在主页，还是在分类搜索页面、高级搜索页面，都可以看到搜狐的关键词搜索输入框，用户只需把自己所要检索内容的关键词键入输入框，单击【搜索】按钮，即可进行检索。

注：采用关键词检索时，用户必须首先将自己要查询的信息，用一个或几

个相关的词或字（即关键字/词）加以概括，将该关键字/词输入搜索框中，单击“搜索”按钮即得出检索结果。在输出结果页面可根据检索需要对输入框上方“网页”“新闻”“地图”“音乐”等方式进行选择，得出不同的查询结果。默认方式为“网页搜索”。

第二，分类检索。搜狐“分类目录”共有18大类，5万多不同层次的子类目，内容几乎涉及所有行业或领域——娱乐休闲、工商经济、公司企业、文学、国家与地区、计算机与互联网、教育、艺术、体育与健身、卫生与健康、生活服务、社会与文化、社会科学、新闻与媒体、科学与技术、旅游与交通、政治与法律、个人主页。用户检索信息只需按分类目录逐级下查，直到查得所需信息。例如检索“机械工程”，首先确定所属大类“科学与技术”，进一步选择“机械工程”，即可得到你所需的检索结果。

（2）检索方法和技巧

搜狐中文检索系统支持布尔逻辑检索，支持的运算符有“–、&、/、( )、空格”。使用“&或空格”时，输入的检索词必须同时出现在检索结果中，即逻辑“与”关系。例如：键入“经济文化”或“经济&文化”，检索结果必须是包含“经济”，又包含“文化”的所有网页。如用户一次输入多个检索词，则系统默认为逻辑“与”检索。

使用“–”是用来限定某检索词必须不出现在检索结果之内。例如：键入“旅游–中国”，检索结果为仅包含“旅游”不包含“中国”的所有网页。

使用相当于“OR”，是用来指定两边的查询字符串中至少有一个一定出现在检索结果中。

使用( )来指定( )内的表达式为一个整体单元。例如：键入“计算机–(软件硬件)”，会检索到包含“计算机”，但不包含“软件硬件”的所有网页。

（3）检索结果

搜狐中文搜索引擎返回的检索结果可根据用户需要在网站、网页、新闻、音乐、商机企业这5个分类中任意切换。结果站点输出是按结果中关键词出现的多少和相关度的高低排序，关键词出现越多和越知名的站点排得越靠前。例如：查“苹果”，苹果电脑公司的网站排在最前面。

（4）其他功能

第一，搜狐直通车。“直通车”是在搜狐公司原有搜索引擎各项功能基础上又增加的一项新的检索功能，用户只需输入关键词，单击“直通车”按钮，即可直接进入与关键词相关的网站。若在检索框中不输入内容，直接单击“直通车”按钮，进入第三代搜索引擎——搜狗界面，实现分类检索、实用查询和网址搜索等检索功能。

第二，搜狐黄页。所谓“黄页”是沟通商业信息的一种查询工具。如专供查询商业信息的“中国黄页”可按产品类目和地区查询各种商业信息。搜狐黄页也是一个网上电子黄页，除提供传统黄页的基本功能外，还具有传统黄页所没有的功能，如在线修改企业信息、发布产品和商情等。单击主页检索框上方“商机”即可进入“搜狐黄页”界面。

（5）第三代搜索引擎搜狗

随着网络信息资源的迅速增长，人们在利用搜索引擎获得更为丰富的信息资源的同时，也面临了新的困扰，面对繁多的搜索结果，检索者快速获取其所需信息的难度越来越大，花费的时间越来越多，检索的信息量增大反而成为获得有效信息的障碍。基于此，一种全新的更加智能化、人性化、简单化，被称为第三代搜索引擎的检索工具的代表——搜狗诞生了。

它是由搜狐公司推出的全新独立域名的专业搜索网站，其主页同“google”和“百度”相似，“搜狗”为互动式搜索。即在搜索过程中，当用户输入一个检索词时，搜索引擎会尝试理解用户可能的检索意图，根据检索要求，迅速智能化展开多组相关主题提示，通过给予多个主题的检索提示，逐层缩小检索范围，引导用户更加快速准确地定位自己所关注的内容，以层层筛选的方法帮助用户更加准确地找到所需的信息。这种与用户的互动，可大幅度地提高检索相关度。

另外，搜狗便利搜索功能能使您的查询一步到位，更加方便。如IP查询、手机归属地查询、软件查询、区号查询、楼盘查询、成语查询、生字快认、邮编查询、股票查询、便捷计算查询、英文词典、快速搜索人物等。

目前“搜狗”的页面收录量还远远小于“百度”和“Google”互动的搜索方式是搜索引擎技术的一个发展方向，它有助于全球搜索引擎技术的发展，希望能有更多的搜索引擎推出更新。总之，检索技术必将向着更加智能化、人性化、简单化的方向发展。

六、常用中学教育网站和数据库的检索使用

中学教育网站和数据库通过收集、加工、存储教育信息等方式，建立信息库或者建立网上教育平台及信息获取与搜索等工具，同时提供有关科研、图书、经贸信息机构和各类学校校园网、教学网、多媒体教室、教育教学网络和数据库的链接。

（一）中国中学教育教学网

中国中学教育教学网（简称K12学科网）是北京育英网信息技术有限公司创建的，因其所属的K12教育网、K12教育资源库、K12全系列教育软件、K12校园网/城域网解决方案而闻名全国基础教育领域。K12教育网的主要面向对象是中学生、教师和家长，目前提供教育新闻、教师频道、学生频道、家长频道、教育教学资源交流平台、教育论坛和各学科论坛、教师个人专辑、杂志网上空间、学校与教师免费主页空间、免费电子邮件等大量服务。

（二）中国基础教育网

中国基础教育网是由教育部基础教育课程教材发展中心与北京师范大学共同创建的，面向全国基础教育工作者、学生、家长的专业服务平台，是中国基础教育领域的综合性网站。中国基础教育网重点在基础教育改革发展、教育观念、素质教育方面的导向性，着重增强涵盖基础教育改革方方面面的指导性，坚持访问对象全面参与的网际开放性。现已完成语文、数学、物理、化学、英语、政治、生物、历史、地理、体育、艺术教育11个学科频道和“教育新闻”“地区教育”“教坛之声”“教育用品”“教育社区”“博客”“原创”等主要栏目，建立了课程标准库、课程资源库、软件素材库、教研论文库等资源数据库。

（三）中国中学信息技术教育网

中国中学信息技术教育网是由全国中学计算机教育研究中心和中国教育学会中学信息技术教育专业委员会联合主办。集合了大量高中、初中信息技术课案例以及信息技术教育与学科教育整合的理论探索、教学案例和课题研究等内

容，对不同版本的信息技术课教材也有比较研究。目前设置的主要栏目有“项目专栏”“著作论文导读”“中学信息技术教材介绍”“硬件–软件–资源推介”“通知通告”“论坛热帖”“精华案例”等。其目的是进行中学信息技术教育的试验、研究、探索和提供相关资源。为全国中学信息技术教育（包括计算机辅助教学和计算机学科教学）的老师和教研人员提供服务。

（四）全国中学教师远程教育研究中心

全国中学教师远程教育研究中心现又名中国中学教师网，是利用计算机互联网对中学教师开展继续教育的专业网站。网站下设6个网上中心，即新闻中心、培训中心、研究中心、学科中心、服务中心及交流中心。网站还设有“中国师范教育”“骨干教师”等专栏，并与各省师资培训的教育行政主管部门、师范院校、教育科研机构、教育企业以及著名教育网站建立链接。

（五）中国青少年计算机信息服务网

中青网是经信息产业部批准的中国公用数据网网员。中青网充分利用共青团的网络化组织，通过中国公用计算机互联网，为青少年提供包括信息资源、数据库、邮件、网上交流、网上多媒体、网络活动及远程教育、电子商务等全方位的网络服务。目前，中青网已拥有中国大学生网、中国共青团网、青少年心理生理网等多个网站群，并提供数以百G的文本、图片、音视频等各种信息资料的数据库，已经成为国内最大的青少年网站，并列入国家重点扶持的8家新闻宣传网站。

由中青网承建的“血铸中华”“民族魂”网站，以及其中的一大批历史人物专馆和重大历史事件专馆，全面介绍了自鸦片战争以来的近百年间，中华民族反抗侵略、争取民族解放的伟大历程以及民族先烈和人民楷模的英雄事迹，以丰富翔实的资料，良好的互动性，成为永久性、开放式网上爱国主义教育阵地的成功尝试。

（六）中国教育资源服务平台

中国教育资源服务平台的域名正式注册，又名新思考网（CERSP）。具体子网有教育管理网、高中技术网、家庭教育网、职业教育网、学校教育科研网、教育叙事研究网、目标教学网、课程研究网、义务教育网、化学课程网、《基础教育课程杂志》、英语课程网、地理课程网、学业成绩评价网、历史课程网、海南高中新课程网、综合实践活动网、课堂教学网、发展性评价网、教师阅读网、物理课程网、生物课程网、艺术课程网、体育与健康网等。新思考网已成为中国教育网站中拥有最丰富的新课程教育资源，最先进的流媒体制作技术和设备并为全国中学教师和学生提供个性化工作和学习的互动平台的中国教育第一门户网站。

（七）中国教育部网站

中国教育部网站是我国教育部的官方网站，主要内容包括教育介绍、教育动态、教育法规、基础教育、高等教育、职业成人教育、教育工程与基金、站点导航等。该网站最有特色的是关于教育的政策性文件、教育新闻的报道、有关专家的讨论以及教育部对一些行业的权威评审资料等。

（八）中国基础教育知识仓库

国家知识基础设施的概念，由世界银行于1998年提出。CNKI工程是以实现全社会知识资源传播共享与增值利用为目标的信息化建设项目，由清华大学、清华同方发起。在党和国家领导以及教育部、中宣部、科技部、新闻出版总署、国家版权局、国家计委的大力支持下，在全国学术界、教育界、出版界、图书情报界等社会各界的密切配合和清华大学的直接领导，CNKI工程集团经过多年努力，采用自主开发并具有国际领先水平的数字图书馆技术，建成了世界上全文信息量规模最大的“CNKI数字图书馆”，并正式启动建设《中国知识资源总库》及CNKI网络资源共享平台。

（九）中学教育网

中学教育网自成立以来，依托国家基础教育资源共建共享联盟，整合全国各地百所名校的优质教育资源，凭借雄厚的师资力量、严谨的教学作风、先进的教学方式、丰富的教学经验，受到了学员的一致好评，在社会上享有很高的声誉。开设了“网络课堂”“高考”“初中、高中”“试卷中心”“名师讲义”“单元练习”等栏目，并分成学生版与资源版两大板块，更好地满足了一线教师与学生的多元化需求。如今，已经成为许多师生进行教科研与学习的重要资源平台。

（十）中学教育资源网

中学教育资源网其前身为“课件快充电”。其内容主要针对中学教师和学生，收录有：教育论文、教学设计、试题、课件、教学参考、英语学习、信息技术课件制作学习、学生作文、信息技术和高考中考等。其主要特色：包括中学课件、论文、试题、教案，量大、种类全，是教师进行备课与教育教学研究及学生进行自主学习的资源库。

另外，随着教育现代化的全面推进，各种服务于教育教学的网站越来越多，也使得师生的资源利用呈现出多元化的趋势，许多“名站导航”为中学师生提供了很好的检索途径，如中学语文资源网、中国论文网、语文教学资源网、英语网、中国奥数网等。

（十一）中国教育科研网

中国教育科研网是由国家投资、教育部负责管理、清华大学等高校承担建设和管理运行的全国性学术计算机互联网。它主要面向教育科研单位，是全国最大的公益性互联网之一，也是中国教育行业的门户网站。它全面详细地报道关于教育的政策、硬件网络条件的建设、教育新闻、教育研究等方面的最新最重要的信息，还提供很多大学和科研机构的链接。它收录内容丰富，范围广泛，不仅是教育类的参考资源，而且对科学研究各个领域都有较好的参考价值。

（十二）中国科普网

中国科普网由科学技术部政策法规与体制改革司主办、机械科学研究院承办的政府网站，旨在促进我国科普工作，传播科学知识，弘扬科学精神，宣传科学思想，提倡科学方法，含政策法规、科普动态、科普知识、校园科普内容等。

网站目前设有“各地动态”“馆藏建设”“名馆园地”“图书馆建设”“文学园地”等十三个栏目，可以帮助图书馆老师方便地查找到最新的图书信息，为采购提供帮助，能够帮助学校迅速查到新书的书目数据，大大提高工作效率和数据的规范性，彻底解决长期困扰中学校图书馆书目数据建设的问题，同时，网站还提供网上的期刊信息和征订统计功能，帮助学校图书馆人员实现由手工劳动到自动化管理的转变。

随着网站资源的日益丰富和完善，全省各地的图书馆老师都可以在上面轻松地浏览查找到其他学校文献装备建设的一些经验和做法，相互学习和借鉴。网站还将不定期的举办一系列读书活动，丰富广大中学生的课余生活，引导学生多读书、读好书。

第六章　新时代中学图书馆读者工作

第一节　读者工作简述

一、读者工作简述

（一）中学图书馆的读者群

中学图书馆的读者是指具有阅读能力并利用中学图书馆馆藏资源从事阅读活动的广大学生和教职员工。由于中学图书馆特定的读者群和特殊的服务对象，学校的全体学生和教师就是中学图书馆服务的主体，也就是说，学校的全体学生和教师是中学图书馆的重点读者。

（二）中学图书馆的读者工作的定义

读者工作，是指图书馆根据读者的文献需求，充分利用图书馆资源向读者提供文献信息的一系列活动，也被称为读者工作或读者服务。其目的就是通过开发利用图书馆的各项资源，来最大限度地满足读者的各种文献需求，实质是向读者传播知识，向读者传递信息。

中学图书馆的读者服务工作是一项有着丰富内容和深远意义的工作，它是图书馆工作的重要组成部分，是联系图书馆与读者的纽带。所谓中学图书馆读者工作，是指根据中学师生阅读规律和阅读需要，运用特定的服务方式与方法，组织师生利用图书馆资源，使师生从中获取知识、信息，接受教育的图书馆服务活动。

（三）中学图书馆读者工作的内容

中学图书馆读者工作与其他类型图书馆的读者服务工作并无本质的区别，只是在开展服务工作的深度和广度上有所不同而已。中学图书馆读者服务应包括以下三个方面内容：

1. 组织和研究读者

这是做好读者工作的前提条件，是贯穿在读者工作过程的始终。读者是图书馆服务工作的对象。建立一整套高效、实用的服务体系，首先要对服务对象进行深入研究。同时把读者工作与文献资源建设工作有机地结合起来，了解和研究不同类型读者的信息需求特点，掌握他们的阅读规律。

2. 读者服务工作

中学图书馆读者服务形式多种多样，概括起来主要包括：外借、阅览、文献复制、文献宣传推荐、参考咨询、读书活动与阅览指导以及文献检索包括网络资源的检索与利用等。

3. 组织管理工作

为了有效地开展读者服务工作，读者工作部门要进行自身建设和组织管理。诸如设置工作岗位、配备工作人员，组织劳动分工，明确岗位职责，建立业务人员管理、培训考核、奖评制度，规定辅助藏书内容范围，确定开放制度与办法，建立服务规章制度，健全读者目录组织与使用办法，改善服务技术手段，设置计算机查检系统。采用先进设备，完善读者服务体制，为读者创造良好的环境条件，以便不断提高服务质量和服务效益，保证读者工作健康顺利地向前发展。

二、中学图书馆读者工作的意义和作用

（一）读者工作直接体现了图书馆的职能、办馆方针和任务

中学图书馆的办馆方向和任务，都将在为读者服务的工作中体现出来。如何组织读者，怎样给读者提供必要的条件，如何使读者方便地获得他所需要的文献信息，都是在读者服务工作中要注意解决的问题。读者工作做得怎么样，直接关系到文献信息在读者中被利用的程度，图书馆满足读者需要的程度，图书馆为学

校教育教学和科研以及学生的全面发展服务的水平，标志着图书馆工作质量的高低。所以读者服务工作是图书馆工作的中心环节，是完成图书馆任务的关键所在。

（二）读者工作直接反映图书馆的社会效果，是衡量图书馆工作质量的尺度

中学图书馆的办馆效益，是直接通过读者服务的成效反映出来的。中学图书馆通过文献信息的传递，开展形式多样的阅读活动，对学生进行信息素养教育，向学生传输思想道德知识、科学文化知识，向教师提供课程改革、教学参考、教学研究等方面的文献信息，来实现自身的社会效益。因此，读者工作是衡量图书馆工作质量、效益和价值的尺度，是提高图书馆社会效益的途径。

（三）联系图书馆与读者的窗口，起着桥梁与纽带的作用

图书馆收藏文献信息资源的目的是为了供读者使用。离开了读者的使用，便失去了保存的意义。所以图书馆一方面要把收藏的大量文献信息资源推荐给需要它们的读者，使馆藏资源充分发挥作用，另一方面要为各种读者准确地提供文献信息资源，满足读者多种多样的阅读需要。如果忽视了读者服务工作，或者服务工作做得不够深入细致，即使资源很充足，目录很完备，还是达不到预期的目的。

三、读者工作的原则

（一）教育性原则

中学图书馆作为学校的重要组成部分，要紧密配合学校教育。中学图书馆是对中学生进行教育的重要基地，是中学生接受课外教育的重要课堂，图书馆要通过自己的服务对中学生进行政治理论教育、思想品德教育、科学技术知识教育、文化知识教育等。

（二）“以人为本”的原则

“读者第一，服务至上”是读者服务的精髓，是读者服务工作活力之所在，是“以人为本”原则的具体体现。图书馆读者服务工作必须坚持“以人为本”的

原则，只有这样图书馆工作才能得到学校的认可，才能得到广大师生的认同，图书馆的地位和作用才能充分得以体现。“读者第一，服务至上”是图书馆一切工作的出发点和落脚点，图书馆一切工作都要围绕读者这个中心展开，努力满足读者的文献信息需求。

（三）区分服务的原则

所谓区分服务，就是有针对性地满足各种读者的不同需求。在发展读者工作中，要有所侧重，做到重点和一般相结合。在流通借阅范围方面，根据馆藏书刊内容进行区别对待，要掌握可供借阅与控制借阅的原则。要经常召开读者的座谈会与读者进行各种形式的交谈，听取读者的意见和反映。不断改进图书馆的读者工作。

（四）创新服务的原则

主要包括服务观念创新、服务内容创新和服务方式创新等方面。在大图书馆观的图书馆理念的影响下，图书馆要开展“全开架、全方位、全天候”的三全式服务。三全式服务就是要形成一种师生借阅“超市式”服务格局。

第二节　中学图书馆的读者组织工作

一、发展读者

中学图书馆应根据自己办馆方针、任务和性质，以及各馆的物质条件，尽可能地把符合本馆服务范围的人发展成为读者。

二、中学图书馆发展读者的方法

（一）有计划地发展读者

中学图书馆的主要读者是本校的教职员工和学生。在发展读者工作中要特别注意人员的变动，及时掌握整个学校人员的基数。

（二）读者登记

教职员工可单个登记，学生可按年级、班级进行集体登记，登记后发给读者各种借书证。学生毕业或教职工调离时要及时清理读者登记卡，以保证读者的准确性。

（三）注意培养读者积极分子

图书馆的各项工作及活动，要吸收读者积极分子参加。读者积极分子是办好图书馆不可缺少的力量。培养发现读者积极分子，建立一支业余管理队伍，是中学图书馆读者工作中的一项重要任务。在发展读者积极分子工作中可采取自愿、推荐和聘请相结合的办法。

三、中学图书馆读者的阅读需要特点

中学图书馆读者对象和读者对文献的需求具有如下几个特点：

（一）读者对象的单一性和稳定性

中学图书馆的读者对象比较单一，就是本校教师和学生。读者的人数比较稳定，中学的教育教学有很强的计划性和规律性，所以教师和学生读者对文献信息资源的需求也具有很强的规律性和稳定性。

（二）读者需求文献资料的集中性、反复性和阶段性

1. 集中性

中学教学内容、教学计划和教学时间都是在统一的计划下安排的，所以读者借书的时间、内容也都具有集中性的特点，尤其是学生读者。这就需要图书馆在采购图书的时候对学生的常用书增加复本量以保证满足读者这些重点图书的需求。另外对流通率高的图书可以专门设立书架，以缩短读者找书的时间。

2. 反复性

由于读者比较稳定，各学科的教学内容比较固定，因此许多文献可以反复使用。

3. 阶段性

教师教学、学生学习具有明显的阶段性，因此读者利用文献也具有很强的阶段性。开学初，读者还回来假期借阅的图书，又去选择新的图书。考试前，学习紧张，教学参考书成为读者的重点阅读对象。期末放假前，大量的科普读物、文学历史读物又成为读者的热门书。

（三）读者阅读的广泛性、普及性

学生读者人数众多，学习内容涉及各门学科，另外他们爱好广泛、求知欲强，对所有书籍都有广泛的阅读需求。因此图书馆采购图书也要注意类别的广泛性。

中学教育是基础教育，学生所学的各学科的知识都是基础知识。因此在读者工作中要注意多向他们介绍普及型的文化科学普及读物。

四、中学生读者的阅读需求特征分析

初中阶段是儿童期向青春期过渡的阶段，在心理上表现出半幼稚、半成熟的状态。特别是初一、初二阶段的学生求知欲旺盛，好奇心强，富于幻想，阅读兴趣广泛，但带有一定的盲目性。随着年级的升高，心理的变化，认识能力的提高，这种倾向也会发生变化。到了初三，由盲目性转向了有目的的选择图书，如中考资料、文学名著、古典作品、名人传记等。

高中阶段是青春早期阶段，学生的身心发展都接近于成熟，其智力发育接近成人。这一时期，他们的抽象思维、逻辑思维和形象思维能力有了进一步的发展，独立思考能力大大提高，具备了联系实际的阅读能力、分析能力和掌握各种科学概念及其规律的能力。这一时期阅读范围也较广，阅读中外著名文学家的作品，关心文学评论，阅读有关政治思想教育和一些说理透彻、语句精辟的道德修养方面的书刊。

第三节　读者工作的主要形式

一、中学图书馆文献流通的组织模式

文献流通的组织模式对于馆藏资源能否得到充分利用，能否让读者在最短的时间内找到自己需要的文献信息，都起着重要的作用。

（一）闭架借阅方式

闭架借阅，指图书馆藏书采用封闭式管理，读者不直接接触藏书，由工作人员根据读者填写的索书单在架上取书，读者还书时再由工作人员将书归架。闭架方式有利于藏书的保护。但是读者不能直接到书架上挑选图书，只能通过各种目录（手工目录或机读目录）和图书馆工作人员的介绍，才能借到书刊；图书借阅手续烦琐，等候取书的时间很长。

（二）开架借阅方式

开架借阅方式是读者可以到书库里直接挑选图书。减少了查找目录、填索书单等手续，方便读者，节约读者借书时间。同时，开架借阅可以开阔读者的眼界，提高读者的阅读兴趣和求知欲望，降低图书的拒绝率，提高书刊的利用率。开架借阅也减轻了图书馆工作人员找书的劳动强度。但开架方式容易造成乱架、图书破损和丢失。

（三）半开架借阅方式

半开架是介于闭架和开架之间的一种书刊提供方式。半开架是将书籍陈列在带有玻璃的书柜里，书背向外，玻璃中间留有一小条空隙。读者能看到书名和书的外貌，但不能自取。借书时读者可以从玻璃空隙中指明要借哪一本书，由馆员取出，再给读者办理借阅手续。半开架借阅比起闭架借阅，对于读者放宽了开放尺度，可以浏览书架上的书，减少了查目录填写索书单的环节；比起开架，对于

读者又限制了一层，不能自己取阅必须通过图书馆工作人员取书。

目前，中学采取这三种组织模式的都有。《中学图书馆（室）规程》第十四条明确指出：图书馆应以全开架和半开架借阅为主。应该说，开架借阅是图书馆借阅方式发展的方向，应逐步实行。

二、外借工作

外借工作，是图书馆为了满足读者需求将部分藏书借出馆外供读者自由阅读的一种服务方式。读者根据需要借出自己挑选的书刊，在规定的期限内，享受使用权利，承担保管义务，自由安排阅读时间，充分利用所借书刊，不受开馆时间和空间的限制。

（一）中学图书馆外借工作的主要形式

第一，根据外借服务对象的数量不同和需要程度，可分为个人外借、集体外借、馆际互借、预约外借。

1. 个人外借

以读者个人为主体的一种外借服务形式。有借书权限的读者，凭借书证件，以个人身份在外借处登记，借出自己所需要的图书。个人借书是外借方法中最主要、最基本的服务形式，它能满足个人读者千差万变的阅读需要。

2. 集体外借

集体外借就是以集体的名义向图书馆借书的一种外借服务形式。这是专为小组读者和单位团体读者共同学习、研究参考的需要外借图书的形式。它是由专人负责，代表小组或团体，向集体外借处提交预借书目单、办理登记手续，借出批量图书，提供小组或团体用户共同阅读。

中学图书馆，在各类专题读书活动、学科竞赛中，为了解决师生阅读的需要，通常采用这种借书形式。

集体外借不同于个人外借之处，在于它方便有共同需要的读者群，保证用书需求，一人借书，众人享用，减少了其他读者往返图书馆借还图书的时间和困难；一次外借图书的品种多、数量大，周期长。对于图书馆来说，便于有计划地合理分配有限的图书，减少了接待读者的时间，节省了借还图书的工作量，保证了外借图书的计划性和针对性，缓和了供求矛盾。

3. 馆际互借

这是指中学图书馆之间，中学图书馆与其他类型图书馆之间，相互利用对方的藏书满足读者的特殊需要的外借服务形式。馆与馆，馆与部门之间，直接建立互借关系，解决本馆、本部门对读者难以满足的阅读需要。这种互借形式，不仅运用在地区范围和国土范围内馆际间，而且发展到国际范围内馆际间，打破了馆藏资源流通的部门分割界限，也打破了读者利用馆藏资源的空间范围界限，实现了不同范围内藏书资源的共享，成为外借服务形式的一种发展趋势。

4. 预约外借

预约外借指读者向图书馆预约登记某种指定需要而暂时借不到的书刊，待该书到馆后由图书馆按预约顺序通知读者借书。读者预约借书有三种情况：一是某种复本不足已被借缺，待书归还回馆后，按填报预约通知单通知读者借书，称为借出预约，二是新书已购但未到，未编或未入库流通，或正在互借、复制中，待到库后按预约通知单通知读者取书，称为新书预约；三是排架差错，或原因不明暂时拒借的书。待查明落实后按预约通知单通知读者索书，称为待查预约。无论何种情况下的预约借书，对于降低拒借率，满足读者特定需要，都是行之有效的良好的外借形式，普遍受到读者的欢迎，并引起图书馆界的高度重视和广泛采用。

上述各种形式的外借服务方法，都是将馆藏部分书刊，化整为零，以整本书刊为单位，通过各种途径分别提供给正式读者和潜在读者在馆外自由阅读。在外借服务中，图书馆与读者之间的联系，主要是通过借还的方式不断获得书刊而进行的。一旦停止借还，便中断了他们之间的联系。如果增加借还频率，交替使用多种借还形式，沟通更多渠道，就会强化这种联系，使更多的书刊资源得到利用。但是，外借服务方法使读者获得的书刊毕竟有限，大量的高层次的文献需求，还须借助于其他的服务方法。

第二，根据外借服务工作手段的不同，可分为手工外借和自动化外借。

1. 手工外借

手工外借是传统图书馆服务意义上的一种以手工操作，馆员和读者面对面的方式进行的外借服务。首先，读者根据图书馆提供的读者目录确定自己所需图书，然后填写索书单，注明索书号、书名等相关信息，交由图书馆员。图书馆员根据读者提供的索书单从书库取书，在外借出纳台拿出书袋卡和借阅记录卡，同时交给读者填写姓名、借阅证号，图书馆员核实后在书袋卡和借阅记录卡上加盖还书期章，并将这两张卡留在外借处按一定顺序排列。如果是半开架或开架，则不需填写索书单，直接选择所需要图书，交由图书馆员办理外借手续。

2. 自动化外借

随着计算机技术的普及和应用，许多中学图书馆都采用了自动化管理，图书流通工作采用计算机化管理。读者服务的方法和手续都大大得到简化。读者到书库选择所需的图书，然后到外借出纳台办理借书手续。图书馆工作人员只需利用光电扫描仪将读者借阅证输入计算机，然后再将图书上条形码扫描入计算机，就完成了一本书的外借手续，就如同顾客到超市购物一样方便。读者还书时，图书馆员只需检查一下图书有无污损，然后再扫描一下图书上的条形码，就完成了还书手续。

三、阅览服务

阅览服务是指图书馆为师生在一定的阅览空间和阅览环境下利用馆藏等文献信息资源的一种服务形式。阅览服务和外借服务作为图书馆流通服务最基本形式之一，是图书馆的一项基础性服务工作，也是图书馆读者服务的重要组成部分。

（一）传统阅览服务

传统阅览服务是指传统的阅览室服务工作，是图书馆利用在馆内设立的各种阅览室，组织师生利用阅览室各种资源的一种服务方式。阅览室内一般放置读者利用率比较高的书报刊，如工具书、常用教学参考资料、各种期刊和报纸等。根据学校实际情况以及中学图书馆设备、空间、人员及读者需求，可以分设学生阅览室、教师阅览室；有的设立文科阅览室、理科阅览室，有的设立现刊阅览室、过刊阅览室等。有条件的学校可按学科分类设置相应阅览室。

（二）电子阅览服务

电子阅览服务是目前比较流行的一种阅览服务方式。电子阅览是与数字图书馆紧密联系在一起的。电子阅览服务是指图书馆通过提供大量的门类齐全的电子图书、随书光盘和丰富全面的教学资源、多媒体素材与资源库供师生查阅和利用的一种新型阅览服务方式。读者查阅书刊不再是在普通阅览室的书架上找、放在书桌上看，而是在电子阅览室的电脑上进行。与传统阅览室相比，电子阅览室不提供纸质的书籍和报刊，只提供电子版的图书、报刊、随书光盘和丰富全面的教学资源、多媒体素材、课件与资源库资料，另外还提供多媒体音视频资料等。电子阅览室不仅在数字图书馆中是必需的，在大中学图书馆中也是必不可少的。

（三）网络阅览服务

网络阅览服务是在电子阅览服务的基础上，图书馆提供网络环境，读者在网络上阅览新闻、查找资料等的一种现代化的阅览服务方式。通过与校园网以及Internet连通，实现信息互通、查阅资源库及数字图书馆资料，实现浏览信息和收发电子邮件等功能。

（四）文献复制服务

文献复制服务，是以文献复制为手段，提供流通和传递使用文献资料的一种新的服务方法。它是传统的外借、阅览服务的延伸。

文献复制服务提高了文献利用率，开发了文献利用深度，满足了读者对特定文献占有的需要，有效地保存了珍贵的书刊，有利于长期使用。节省了读者获取文献的时间和精力，加快了文献传速度。

文献复制服务的常见方式有三种：缩微复制服务、静电复制服务和计算机扫描复制服务。

缩微复制服务利用照相的原理，采用专门的设备、材料和工艺，把文献资料以缩小影像的形式摄影记录在胶片上，经加工制作成缩微品保存和提供给读者使用。缩微复制技术的应用为保护文献原件、提高文献利用率、降低管理费用发挥了重要作用。缩微品是世界公认的替代纸质永久保存文献较为理想的载体。这一文献复制方法由于受技术、设备、人员及馆藏文献价值等多方面因素限制，中学图书馆基本上没有使用。

静电复制服务就是利用集静电成像技术、光学技术、电子技术和机械技术于一体的静电复印机，迅速、方便地把图书、报刊等纸质文献复印下来，提供给读者利用的一种文献复制方法，也就是我们常说的复印服务。

计算机扫描复制服务就是利用计算机扫描技术，通过扫描仪将文献扫描到计算机内，保存在磁盘、U盘等存储设备上，或通过网络提供给读者利用的一种文献复制服务方式。读者可以利用计算机进行阅读和利用。

随着学校办学条件的不断改善，许多中学图书馆都配备有复印机和扫描仪，为读者提供静电复印和计算机扫描复制服务，这也是目前中学图书馆最常用的两种文献复制服务方式。

四、宣传推荐服务

第一，文献宣传推荐服务就是中学图书馆主动向广大师生介绍各种馆藏资源，采取各种方式，传播文献信息，帮助读者正确地理解书刊资料的内容价值，使读者科学、有效、有针对性地利用馆藏资源。

文献宣传推荐服务是读者服务的重要组成部分，其主要作用是：能及时配合教育教学形势和任务，配合中学的素质教育，有利于素质教育的实施和学生创新能力的培养；有利于扩大中学图书馆的影响，吸引众多的读者来馆；有利于馆藏文献的流通和利用；有利于改变中学图书馆被动服务的局面。

第二，宣传推荐服务的形式。

中学图书馆宣传推荐服务常用的形式有以下几种：

（一）新书陈列

就是将新到的图书资料按一定次序分门别类地陈列在图书馆相应位置，供读者在馆内阅览，然后再分批分类编目，增强图书到馆后与读者见面的时效性。这种方式的特点是及时、新颖、简单、易于操作，在中学图书馆中使用广泛。

（二）宣传栏、黑板报

这是宣传馆藏最经济、最简便易行的一种宣传方式，适合办馆条件一般的中学图书馆。宣传栏、黑板报可以定期或不定期给读者推荐、宣传优秀书刊，宣传报道图书馆各种活动，反映读者的心声等，它简便易行，操作简单，也很受读者喜欢。中学图书馆当然要利用好宣传栏、黑板报这一阵地，大力宣传图书馆，同时也对改进和推动中学图书馆工作起到帮助作用。

（三）专题展览

配合学校的大型教育活动如纪念日、节日等，选择和推荐与活动有关的书刊等资料，按活动主题的要求，有系统地陈列出来予以展览，这也是提示馆藏最直接的方式之一。

（四）校园网、图书馆网

随着网络技术、农村中学“校校通”工程和农远工程的实施，现在大多数农村中学已具备了网络条件，很多学校还建有自己的校园网，也有不少中学图书馆建立了自己的图书馆网。图书馆要充分发挥网络的优势，利用校园网或图书馆网积极主动地向广大师生宣传推荐新书、好书。

另外，宣传工作方式灵活多样，中学图书馆可以根据自己的实际，采取不同的方式进行。例如创办图书馆自己的馆报馆刊、宣传手册，利用现代信息技术等形式开展丰富多彩、内容新颖、形式各异的宣传工作，提高图书馆服务的环境和氛围，推动中学图书馆工作的全面开展。

五、声像阅览服务

声像阅览服务是指通过录音机、录像机、语音室、校园闭路电视等设备给读者利用馆藏磁带、录音带、录像带、CD、VCD、DVD等音像资料的一种服务。目前中学图书馆最多的是提供外语听力训练、磁带复制、多媒体欣赏等服务。现在学校不仅收藏大量纸质文献，还收藏有大量磁带、录音带、录像带、CD、VCD、DVD等多媒体音像资料，包括盒式录音带的语音训练资料及小说、短文、故事、电影录音等趣味性较强的听力资料、影视资料、音乐及多媒体资料，以及百科辞典、科普、生活知识、外语教学等多种多媒体光盘等，为广大师生提供学习外语的环境。

六、参考咨询工作

参考咨询工作的实质是以文献为依据，通过个别解答的方式，有针对性地向读者提供具体的文献、文献知识或文献途径的一项读者服务工作。

（一）参考咨询工作的类型

1. 辅导性咨询

辅导性咨询是针对读者在查找文献过程中出现的各种问题而进行的咨询活动。分为两种：一是事实性咨询。就是对读者提出的一般性知识问题，通过查阅各种相关参考工具书查找线索或答案，直接回答读者，或者指引读者利用某一工具书、刊，直接阅读有关咨询问题的资料。如查找具体的人物、事物、产品、数据等。二是方法性咨询。即解决读者在查找文献过程中，因不熟悉检索方法而遇到的困难。这类咨询的特点是主动性强，图书馆工作人员可以充分发挥自己熟悉馆藏、熟悉检索工具的优势，给读者以检索方法的辅导和帮助。

2. 文献检索性咨询

文献检索性咨询是根据读者提出的问题，通过查找有关文献、文献线索及动态进展性信息开展服务。在中学，这类咨询主要是教师为解决教学中某一较深的研究专题向图书馆提出的，要求查询某一学科、专业、课题的文献资料。图书馆工作人员根据读者提出的问题性质，考虑学科所属范畴，认真分析、思考问题提出的关键所在，再考虑解决问题的办法与途径。

（二）参考咨询工作的程序

参考咨询工作的过程就是分析问题、解决问题的完整过程，可以分为以下几个步骤：

1. 受理咨询

读者通过口头、书面、电话、邮件等形式提出问题，图书馆工作人员将咨询问题记录下来。

2. 分析问题

接受咨询问题后，图书馆工作人员要分析问题的性质、学科范围、学科背景，对读者的需求情况做出科学的分析。

3. 检索文献

根据读者提出的问题，在分析调查的基础上，按照一定的步骤、方法和途径来查找文献。

4. 答复

将检索查找来的信息正式告知读者。

5. 建档

用建立咨询档案的方式总结咨询工作的经验，这是一种工作总结，也是一份具有一宗参考价值的文献资料。

第四节　阅读指导

一、阅读指导

阅读指导，也称阅读辅导或导读工作，就是图书馆主动宣传馆藏资源，在了解和研究读者需要的基础上，对其阅读目的、内容和方法给予积极影响的教育活动。对于中学图书馆，最主要的是对学生读者进行有关阅读方面的指导和帮助，引导他们选择文献的范围，培养学生高尚的阅读情趣、阅读的技巧和方法，从而养成良好的阅读习惯。它是图书馆服务的基本内容之一。

二、阅读指导的内容

（一）阅读内容的辅导

根据不同的阅读目的，针对不同的阅读材料，灵活运用精读、略读、浏览、速读等阅读方法，在“推荐书目”的指引下，培养学生学会正确、自主地选择阅读材料，提倡读好书，读整本书。引导学生阅读名著、阅读推荐书目，学会辨别畅销小说的文学性和健康性，通过文学评论、美文欣赏、电影和专题讲座等多种方式，让学生对名著、对哲学、对推荐图书产生兴趣，变被动为主动，逐步完成阅读计划。不同年级学生阅读内容的辅导也不尽相同。

（二）介绍阅读方法，培养阅读技巧

“读书不得要领，劳而无功”。在阅读指导中通过具体的阅读实践，介绍浏览与速读、精读的方法，读书计划的制订，教会学生写读书笔记、读后感及文摘与索引等。读书方法大致可分为四个类别：一是精读法，二是泛读法，三是综合读法，四是笔记读书法。

1. 精读法

精读法是一种精研读物知识内容，深究作者思路用意的读书方法。这种方法一般用于阅读经典作品、基本教材及学派代表作等。这种方法，可以帮助读者消化读物的基本内容，探究读物的深层底蕴。精读的方法一般有熟读深思法、分析阅读法、问题导引法等几种。

熟读深思法是我国传统的精读法之一。它有两个方面的要求：一方面要“熟读”，即通读、细读、反复读，最后达到熟练程度，甚至能够背诵；另一方面要“深思”，即多思、反复思，最后达到精通程度甚至能够探幽索微、高瞻远瞩。朱熹说：“读书之法，有循序而渐进，熟读而精思。先须熟读，使其言皆若出于吾之口，继以精思，使其意皆若出于吾之心。”可见熟读深思法主张记忆和理解的统一，它要达到的目的是把书本知识变成“为我所有”的知识。

分析阅读法要求读者从系统观点出发，把一本书的内容视为一个总系统（整体）；再将它分解为若干子系统（部分）；进而分析出它的组成要素；然后找出各要素之间的有机联系和层次结构。这种读书方法可以把内容很繁多的图书简明化，头绪很复杂的图书条理化，达到把“厚书读薄”的效果。这种读书法要求读者具有较强的分析综合思维能力和较丰富的读书经验。

问题导引法是以问题作为注意力的焦点，并以此作为贯穿始终的思路。这种问题，有的是读一本书之初时设置的问题，或者是读者选择此书时带着的问题，或者是浏览书名、序言、章节标题时萌生的预期性问题，这些问题可以强化求知欲，形成阅读悬念，引发“定向探究反射”，使阅读充满激情和主动性。

2. 泛读法

泛读法是指以较快的速度，选读部分文本，以获得对读物的大体印象或找到所需知识信息的阅读方法。泛读的方法主要有浏览法、跳读法、飞读法等。

浏览法是迅速翻阅图书，获得对图书大概内容的初步印象的读书方法。浏览法主要翻阅的是卷首的作者介绍、内容提要、序言、目录和卷末的后记、参考文献及索引等。

跳读法是在阅读进行中，快速选择需要阅读的内容，舍去不必阅读的内容的读书方法。

飞读法，又称察读法或掠读法。它是快速“扫描”文本，找出特定知识信息的一种略读方法。比起浏览法来，速度更快，目标更集中。

3. 综合读法

综合读法旨在调动人全部认知器官，并运用多种读书方法，以收到最大阅读效益。例如“三到”“四到”“五到”读书法，就是我国著名的综合读法。综合读法的优点在于：①把读书看作需要全神贯注，全力以赴之事，可以动员人身的主要感觉器官和思维器官；②可以培养多方面的能力，包括阅读能力、口头表达能力、写作能力、思维能力。

4. 笔记读书法

笔记读书法是把写读书笔记纳入阅读过程的一种读书方法。它的特点是读与写结合，在“心到”的基础上，眼手并用。这种方法能使读者在阅读过程中集中注意力，较为透彻理解文献内容，比较清新、确切地掌握所获知识。

读书笔记的写法有很多，归纳起来大致有以下六种：

（1）摘抄式笔记

这种笔记是指读者在阅读之后，有意识、有选择地抄录书中的某些原文所形成的一种笔记。如摘录某些名言、警句、公式、范例等。这类笔记可帮助读者巩固记忆，加深理解。

（2）心得式笔记

这种笔记是读者把阅读、思考、写作三者有机结合起来的产物，可以巩固和发展阅读成果。

（3）索引式笔记

这种笔记是读者所精读书或泛读书的目录总汇，它便于读者日后查找原始文献，制订今后读书计划。

（4）提要式笔记

这种笔记是读者用自己的语言将书中的主要思想和论点简要地表述出来而形

成的。这种笔记有助于读者掌握书的主要内容。

（5）批注式笔记

这种笔记是指读者在原书的空白处加注有关注释和评语，它包含着读者对文献内容的评价。写这种笔记可以培养读者独立思考的习惯和能力。

（6）符号式笔记

这种笔记是用各种符号在书上标出内容的要点、疑点、难点等。这类笔记可促进阅读过程中的思考，也有助于读者日后迅速复读书中有关内容。

（三）读书卫生知识辅导

如阅读光线、姿势、距离、翻书习惯、图书保护以及图书馆公共区域环境卫生、个人道德等相关知识，教育学生讲究用眼卫生，养成保护眼睛的习惯。阅读时间不宜过长，一般看30分钟书就要让眼睛休息一下，或做一下眼保健操。不要在光线太强、太暗的地方看书。坐车、行走、躺着时不要看书等，逐步养成良好的阅读习惯。

三、阅读指导的形式和方法

图书馆阅读指导的方式有口头方式、书面方式和直观方式等。口头方式包括个别交谈、各种形式的读者集会或文献讲座。书面方式主要是运用书评、书目等文字材料或张贴宣传品。图书馆通过组织读者书评小组，侧重对社会科学和文学书籍开展各种书面或口头的书评活动，帮助读者选择阅读优秀图书。直观方式则包括文献展览和运用各种声像技术手段。一些大型图书馆往往综合运用各种方法开展阅读指导活动。

阅读指导的具体方法一般有：对话式、授课式、集合式、观摩式、结社式、文字式、竞赛式、展览式和网络辅导等。

四、阅读指导课的开设

《中学图书馆（室）规程（修订）》明确指出：“学校应开设阅读指导课并纳入教学计划。”阅读指导课就是以中学图书馆为依托，以图书馆管理人员和学科教师为主导，以培养学生阅读兴趣和阅读能力为目标，参照课程管理的相关标准，将阅读作为一门正规的选修课程来运作的一种教学模式。

（一）开展课程化阅读的理念

1. 阅读是一种权利

阅读是学生成长中的精神需要，是实施素质教育的重要内容，是不可或缺的文化权利。要创造条件，切实保障学生阅读。

2. 阅读是快乐的

阅读起点是追求快乐，阅读的过程伴随着快乐，阅读效果中要充满快乐。要让学生充分享受到自主阅读带来的快感，从而培养一种阅读习惯与动力，并让这种习惯与动力伴随学生一生。

3. 提倡“绿色”阅读

阅读是一种精神活动，是心灵的翱翔。课程化阅读要尽可能与单纯某个学科知识体系的传授的目的分离开来，减少实用性和功利性，使之成为构建学生价值观念、精神世界的一种行为和手段，实现人格的提升，达到素质教育的最高境界，即人的心智的全面发展。

（二）开设阅读指导课的几个条件

1. 教学行政保证

领导重视，并从教学的角度肯定以图书馆为中心的课程化阅读模式，将其纳入全校的教学系列之中，指定教学大纲，实施教师课堂教学管理，确保课程化教育正常有序开展。

2. 教学环节保证

要使课程化阅读收到理想效果，要确立必要的教学形式，通过教学形式保证教学效果。

3. 保证阅读时间

课程化阅读需要达到一定的阅读量，为此，阅读时间需要得到保证。这个时间要求以每周固定一定学时集中阅读，个人自由安排一定的时间进行精读。

4. 辅导教师到位

老师不仅要教给学生阅读的门径——图书馆的利用，还要传授学生基本的阅读技巧，帮助学生提高阅读水平。为此，课程化阅读教学需要熟悉图书馆管理并懂阅读理论的教师来充当。

5. 教学原则到位

追求新的课堂模式：放弃“精读细讲”的阅读模式，变为“不讲多读”阅读模式，图书馆的阅读指导课应该有别于语文课的阅读教学，要更能体现新课程观念下的教学理念。通过引领的方式，学生在图书馆可根据自己的兴趣及需要，自由地选择书籍、杂志、报纸。对学生的阅读，教师不做硬性的死要求，采取“自由式”的阅读。

6. 建立科学的阅读测试体系

阅读效果得到有效测评是课程化阅读的重要一环。测评的要点应该包括：①阅读范围。不仅包括中学各学科内容，还要突破课本的要求，在更加广阔的人文知识层面上来考察。②阅读技巧。阅读的速度——对原著的理解程度——联想与对比能力——分析评判能力——逻辑表达能力。③运用能力。能够运用阅读作品中的知识、观点进行分析问题、解决问题，对现实行为产生影响。

（三）阅读指导课的特征

在课程化模式下，阅读指导课的特征有以下几个方面：

1. 教学目的

培养阅读兴趣，传授阅读技能，丰富阅读范围，检验阅读效果，提高阅读水平。在提高阅读能力的同时完善学生的知识面，提升学生的人文素养。通过阅读指导课的学习，要求学生养成主动阅读的习惯。在阅读与鉴赏活动中，不断充实精神生活，完善自我人格，提升人生境界。学会多角度、多层面地观察生活，丰富生活经历和情感体验，对自我、社会和人生有自己的感受和思考。

2. 教学特征

①自主性。阅读课的主体是学生及其阅读需求。阅读课应该围绕学生的兴趣与缺陷，在老师的指导下，通过学生的自主性阅读，不断提高阅读能力。所谓自主性，表现为学生在大致相同的阅读教学要求下，可以自主地选择阅读时间、阅

读作品与阅读方式，教师除了向学生推荐作品外，不能强制学生阅读什么或者不能阅读什么。②科学化。科学化的一个前提是教学的量化。要确定学生的阅读时间与老师的上课时间，两者之间，老师的上课时间不能超过阅读时间的阅读技巧的训练除了教师的传授外，主要应该是通过学生的阅读实践获得。对于课程化阅读来说，科学化也就意味着考核的合理化。在目前的教学体制内，课程化阅读可以采取学分制的方法进行考评。

3. 教学环节

提供阅读资源——营造阅读环境——根据阅读训练计划分年级编写辅导教案——阅读培训——安排阅读讨论与阅读交流——组织阅读活动——布置课外阅读书目——阅读测试——给出阅读成绩。

目前很多中学图书馆都开设阅读指导课。阅读指导课是中学图书馆指导课外阅读的基本形式。上好阅读指导课要从中学图书馆的任务和学校的实际出发，扎扎实实地进行。首先要明确任务，要全面贯彻《规程（修订）》中所确定的任务。其次要把握特点，主要表现在一是文献信息教育的启蒙性；二是自学辅导性；三是新颖、实践性。再者要探索规律。阅读指导课，要以阅读方法和技巧辅导教育为主，与各科教学活动紧密结合；要以图书馆员讲解为主，与其他教师讲课紧密结合；要以辅导学生主动阅读、科学阅读、提高自学能力为主，思想教育、其他教育紧密结合；要以“激趣”“导向”“导法”为主，与“导思”“导写”“导行”紧密结合。

图书馆开设阅览课程的目的是使学生一进学校就能接受图书馆基础知识教育，了解图书馆是课内外学习的重要阵地，为终身利用图书馆打好基础；培养学生课外阅读兴趣，开阔视野，扩大知识面，学习良好的读书方法，使课内外学习得到协调；培养学生搜集、处理、加工知识信息方面的习惯和能力，调动学生的潜能和学习的积极性，发展学生的个性才能，培养创新人才。

第五节　读书活动

《中学图书馆（室）规程》明确规定“图书馆要配合学科教师组织形式多样的读书活动”。而且在教育部印发的通知中强调“各地要采取有效措施，积极开展各种读书活动，鼓励各地中学图书馆（室）对社区、学生业余时间开放，提高图书的借阅率、使用率，充分发挥中学图书馆（室）的使用效益”。这对中学开展读书活动提出了明确的要求。

读书活动是指中学图书馆有组织地开展以读书为主要内容的活动，其目的是：大力宣传和倡导学生好读书、读好书，推动创建书香型校园。大力组织和开展校园读书活动，是丰富图书馆服务内容、构建良好校园文化生活的最佳途径。

一、读书活动的意义和作用

中学图书馆组织和开展读书活动，其服务功能有着巨大的优势，是学校其他部门所无法替代的。开展读书活动也是中学图书馆的天职。通过读书活动，可以聚集人气，吸引更多的读者关注图书馆，利用图书馆，享受图书馆，从而达到提高学生素质，形成良好的校园文化，促进和谐校园的建设的目的。通过读书，让教师精神起来，丰富起来，高雅起来；通过读书，让学生聪明起来，灵动起来，成熟起来。读书活动当然离不开图书，图书馆以丰富的馆藏为开展读书活动奠定了坚实的物质基础。读书活动还为读者提供了一个利用图书馆资源的新的窗口和途径，不仅方便读者利用图书馆，也使图书馆相关资源得到充分利用。

二、读书活动的形式

要吸引更多的学生参与到中学图书馆组织和开展的各类读书活动中来，活动的形式必须要丰富多彩，学生要喜闻乐见、便于参与、积极配合，要对广大读者有吸引力和凝聚力。

（一）读书节、读书月活动

读书改变命运，读书丰富人生。为了培养学生良好的读书习惯，营造书香校园的氛围，提高校园文化品位，很多中学图书馆都开展了读书节、读书月等活动。通过隆重的开幕式、读书心得交流会、读书漂流、读书沙龙、亲子共读、读后感征文、师生共读、中华经典诵读等活动，在一定的相对集中的时间段内，充分利用馆藏资源，形成浓厚的读书氛围。

（二）组织开展读书知识竞赛

通过竞赛活动的开展，用激励的手段来调动学生走进图书馆，利用图书馆，积极参与到读书活动中来。

（三）举办读书征文活动

图书馆可以每年围绕一个主题，或结合读一本好书，组织读者征文活动，让学生把自己的读书感受和心得体会写下来进行评选，把一些优秀的征文推荐到图书馆简报、校报、图书馆或校园网，甚至一些报刊媒体上发表，积极宣传读书的意义。

（四）举办专题知识讲座

讲座可以邀请校内名师、校外名家，就学生学习生活中的现实问题、社会热点焦点或社会方方面面的问题进行剖析，将讲座办成沟通专家学者与读者、读者与读者的桥梁，以此来活跃校园文化生活。

（五）设立班级图书角、图书箱

搞好班级图书角、图书箱的建设工作，扩大和延伸阅读阵地，方便学生阅读。图书角、图书箱的书籍除少量由学校配置外，提倡班级集体购置和学生私人藏书的交换传阅。

（六）评选“读书能手”等活动

图书馆可以每学期或每学年根据图书馆流通统计的结果，对一些读书多、爱护图书、读书有方、读书有成果的读者进行表彰，授予“读书能手”的称号，以此来引导广大学生好读书、读好书，激励更多的学生来享用图书馆资源。

（七）举办读书成果展示活动

通过举办展示、展览，一方面对图书馆起到了宣传作用，另一方面可以帮助读者借鉴别人利用的经验和方法。

（八）网上读书活动

网络给我们的学习和生活带来了极大的冲击，越来越多的图书馆已具备了网络条件，更多的读者会利用网络。图书馆可以利用现代网络技术和条件，开展网上书评、好书推荐、读书征文、读书心得交流等交互式读书活动。

此外，还可以开展辩论会、朗诵会、读者沙龙、读者联谊等内容新颖、形式多样的读书活动。目的只有一个，就是为了充分发挥图书馆的作用，增强读书活动的趣味性和实效性。

三、读书活动的基本做法

（一）领导重视，组织健全

中学开展读书活动单靠图书馆是无法顺利实施的，学校领导的高度重视，各部门之间的通力协作是开展读书活动的重要保障。现在很多中学在开展读书活动过程中都成立了以校领导为组长，学校教务处、团委、政教处等部门为成员的读书活动小组。

（二）纳入计划，确保实施

每年在学校制订工作计划的时候，很多学校将读书活动纳入学校整体规划中，纳入学校德育教育工作中，增强了读书活动的目的性和计划性，确保了读书活动计划的顺利实施。

（三）读书活动与学科教育相渗透

学校能够把读书活动与大阅读教学有机结合，把读书活动内容有机渗透于思想品德、政治、历史、语文以及物理、化学、生活等学科的教育教学之中。为使此项工作落到实处，不少学校要求有关学科的任课教师熟知读书活动的内容，积极参与到读书活动中去，并结合本学科教学实际，将书中有关内容渗透到教学目标中去。有的学校还定期组织专门人员对相关学科教师进行随堂听课，随时收集有关信息，做到及时反馈、及时整改、不断提高，提高了读书活动的实效。

（四）读书活动与校园文化建设有机结合，全面促进读书活动的开展

学校现在都非常重视校园文化建设，结合建设绿色校园、人文校园、学习型校园、书香校园等，积极营造良好的校园文化。校园文化建设中，引导学生有针对性地阅读主题图书的内容，让学生说体会，谈感受，组织学生写阅读感想，利用校园广播、电视台、宣传栏、国旗下讲话、主题班会等形式，大力宣扬读书活动，极大地丰富了校园文化生活。同时，很多学校开展了丰富多彩的诸如校园科技节、文化艺术节、体育节等活动，要抓住这些机遇，使读书活动与之有机结合，全面促进读书活动的开展。

（五）读书活动与家长学校紧密配合，使读书活动向纵深延伸

在中学教育中，很多学校非常重视学校教育与家庭教育的有机结合，开设了家长学校。在开展读书活动中，充分利用家长学校这一平台，积极宣传读书活动的意义和作用，同时还开展了教师、学生、家长同读一本书活动，实行了学校评、小组评、家长评，激发学生的读书兴趣。随着读书活动的广泛开展和家长学校的不断完善，不仅学生从中汲取了丰富的营养，还在全社会发挥了良好的示范带动作用，极大地推动了全民读书、终身学习良好风气的形成。许多家长在孩子们的感染下，也投入到读书活动中去，使读书活动不断向纵深延伸。

（六）积极利用现代信息技术开展网上读书活动

现代信息技术和网络技术在中学已广泛应用，不少具备条件的学校都积极利用网络开展丰富多彩的网上读书活动，提高学生参与的热情与积极性。

（七）倡导激励机制，开展读书活动总结表彰活动

为了使广大青少年学习有榜样，赶超有目标，着眼于读书活动良性运转机制的建立，很多学校在开展读书活动中都非常重视抓好活动的评价、检查、表彰、激励机制。比如对读书活动中先进班级、优秀团队进行表彰奖励。同时，通过各班级团组织认真推荐、广大青少年积极自荐，对涌现出的一大批读书先进个人，利用学校各种渠道广为宣传，既充分展示当代青少年勤奋好学的精神风貌，又为

广大青少年树立了一批看得见、学得了、比得上的优秀阅读标兵，激发了他们见贤思齐、发愤学习的积极性，加强了对读书活动的正确引导。

中学图书馆开展读书活动的形式方法多种多样，主题鲜明，富有特色。不少中学图书馆也有自己成功的做法和经验，为读书活动的深化拓展增添了活力。中学需要在开展读书活动中结合各自学校的实际，积极探索开展读书活动的形式和方法。

第六节　读者服务工作的统计和规章制度

一、读者服务工作的统计

读者服务工作的统计是读者服务工作组织与管理的一个重要组成部分，是评价图书馆读者服务效率和效益，实现科学管理的依据。如果没有统计与分析，就无法对图书馆实施科学有效的管理。通过对读者服务工作的统计分析，可以了解读者阅读需求的变化和馆藏文献的利用情况，及时有效地获取读者对图书馆服务工作的质量的反馈，衡量图书馆工作的优劣，便于及时调整馆藏结构，改进服务方式，不断提高服务质量。

中学图书馆服务工作统计的内容要根据读者服务工作开展情况和实际需要决定一般情况下中学图书馆读者服务工作的统计主要包括读者统计和流通统计。

读者统计包括：全馆读者总人数；学生、教师、职员等不同类型读者人数及比例；一段时期内读者到馆总人数及各种类型读者到馆数量及比例等综合统计与分类统计。

流通统计包括一定时期内读者借阅馆藏的总数量；各种类型读者借阅书刊资料的数量及比例；读者借阅图书的分类统计，以及按文献分类、流通方式等流通的数量和比例等。通过对流通原始数据的统计分析，可以充分反映流通工作的实际状况和服务质量与水平，为改进服务方式与方法，提高服务质量提供第一手的参考数据。

读者服务工作的统计指标有多种，中学图书馆经常会用到的有以下几种：

第一，某类型读者的比率=某类型读者人数/全馆读者总人数×100%。

第二，读者到馆率=某一时期到馆借阅的读者人数/图书馆读者总人数×100%。

第三，藏书保障率=藏书总册数/读者总人数×100%。

第四，藏书利用率=某一时期读者借阅总册数/全馆藏书总册数×100%。

第五，读者借阅率=某一时期读者借阅总册数/到馆借阅读者人数×100%。

第六，读者到馆率=某一时期到馆借阅读者人数/图书馆读者总人数×100%。

第七，图书拒借率=未借到图书的册数/全部需要借图书册数×100%。

二、规章制度

（一）图书馆规章制度的含义

图书馆规章制度是图书馆工作人员和读者都应该遵守的规则。图书馆规章制度是合理组织图书馆工作，充分发挥图书馆职能的保证。制定图书馆规章制度时既要考虑图书馆工作的需要，也要考虑读者的权利。规章制度要与国家政策、教育法规条例一致，应“以人为本”为理念，注重科学性、实用性。

（二）图书馆规章制度的主要内容

1. 图书馆岗位责任制

主要规定各部门的职责、岗位职责和工作要求。

中学图书馆规章制度中有关各岗位职责如下：

（1）馆长工作岗位职责

第一，在主管校长、主任领导下，把握办馆方向，负责全馆工作。处理日常业务和对外事务。

第二，组织全馆工作人员的政治、业务学习及学术交流活动。

第三，主持馆务会议，遵照领导指示，参照学校工作意见确定本馆任务。

第四，每学期结束前，向领导书面报告工作，提出下学期初步打算，制订工作计划。

第五，不定期修订本馆各项规章制度，岗位职责，使之行之高效，工作人员职责分明。

第六，根据上级拨款，学校财务预算，制订图书采购计划。

第七，负责申报添购期刊、报纸、资料工作。

第八，负责申报图书期刊的报废、注销工作。

（2）采编工作岗位职责

第一，熟悉馆藏，了解各方面读者的需求，根据本校实际情况，提出图书采购意见，并报领导审批后实施。

第二，采购工作以外采为主，兼顾征集、交换各种书刊资料。

第三，对新增图书及时办理入库登记手续，加盖印章。

第四，图书分类使用《中图法》，著录以《普通图书著录规则》为标准，设置馆藏书名目录和分类目录。采用计算机的图书馆，分类后编目并输入计算机。

第五，对新书及时加工，投入流通。

第六，有重点、有选择地宣传优秀新书，定期发布新书通报或简介。

（3）借书处工作岗位职责

第一，整理、维护开放书库的书架，书刊排列正确、整齐。

第二，组织学生图书服务员上岗服务。

第三，负责教工书刊借还工作，督促读者按期归还图书。

第四，做好图书流通工作的统计。

第五，对调离本校的师生进行清书工作。

第六，修补破损图书，办理读者遗失图书的赔偿工作。

第七，指导读者利用计算机查检图书的工作。

第八，设立新书展览架，积极推荐新书。

（4）学生阅览室工作岗位职责

第一，严格执行本室规则，按时开放借阅。

第二，做好本室报纸、杂志的订购工作。

第三，到馆报刊做到当日登记验收，加盖馆藏章后上架借阅。

第四，教育学生爱护书刊，及时修补损坏的书籍、杂志。

第五，定期整理和装订报刊，剪帖报纸为本校中心工作和教育教学服务。

第六，帮助学生查找资料，开展咨询工作，注意收集阅览效果。

第七，保持室内的整洁、整齐，做好安全工作。

第八，接收编目室调拨图书工作，并清点上架，了解内容，开发利用。

（5）电子（音像）阅览室工作职责

第一，做好本室的磁带、录像带、光盘的分类、编目、保管工作。

第二，主动联系，认真配合各年级、各学科教学，安排阅览。

第三，主动向教师介绍电子（音像）阅览设备，有计划、有步骤地培训教师和学生骨干使他们掌握各种设备的使用方法。

第四，教育学生爱护本室的一切设备，正确操作，注意安全，使用完毕须切断电源，盖好防尘罩，经工作人员检查无损后方可离开。

第五，认真做好本室的保洁及安全工作。

2. 读者服务工作制度

主要是指与读者有关联的一系列规定和条例。主要包括：借阅制度、阅览室制度等。

中学图书馆规章制度中有关读者服务工作制度如下：

（1）书刊借还制度

第一，读者凭本人有效借书证借书。

第二，本馆实行开架借书，请勿将本人书刊及物品带入书库。

第三，爱护书籍，不损坏书标、条形码。不在书上涂画、做习题，不撕页裁剪，如发现污损，按章赔偿。

第四，学生每人可借书3–5册，教师可借12册，学生借期30天，教师借期90天。超期借阅需办续借手续（续借时须将原书带来，以一次为限）。

第五，学生休学、转学、毕业，教职工调离、退休必须归还所借书刊。

（2）学生阅览室制度

第一，读者凭本人借书证进入本室阅览。

第二，读者自带物品请放入指定地点。本室内的书刊严禁带出室外。

第三，每次限借一本图书或杂志。阅完后仍放回原处。

第四，爱护书刊和室内设施，请勿污损。

第五，保持室内整洁、安静，文明阅览，注意公共卫生。

第六，阅览结束，请把椅子放回原处。

（3）教师资料（阅览）室制度

第一，资料室是供全校教师备课或查阅资料的处所，不做他用。

第二，资料室书刊只供在室内查阅，不得带出室外，原则上不外借，如有特殊需要，可短期借用，但须在指定期限内归还。

第三，资料复印，有本室工作人员办理。

第四，严禁私自剪裁，夹带读物离室。

第五，资料用完后，请自觉放回原处。

第六，保持室内安静、整洁。

（4）电子（音像）阅览室使用制度

第一，进入电子音像阅览室应穿鞋套，按指定机号或位置入座，听从管理员安排。保持安静，遵守纪律。

第二，室内其他设备未经管理员许可，不准擅自启动。严禁自带软盘（录像带、碟片）入室。爱护机器和附件，不准私自删除或输入其他程序。

第三，不准私带游戏软件上机玩乐，一经发现，除没收软件外，按学校规定处罚。

第四，操作中出现问题，应及时向管理员汇报。

第五，文明操作，严禁在室内抽烟，用餐，不乱丢纸屑，保持室内安静，注意清洁卫生。

第六，操作完毕，应按规定程序关机，填写好记录本，将椅子排放整齐，管理员检查后方能离开。

第七章　新时代中学图书馆的现代化建设

第一节　中学图书馆现代化概述

一、中学图书馆现代化的背景及其概念

现代化是中国教育发展的必由之路，教育现代化是中国社会现代化发展的需要，也是中国教育自身发展的需要。教育现代化就是用现代先进教育思想和科学技术武装人们，使教育思想观念，教育内容、方法与手段以及校舍与设备，逐步提高到现代的世界先进水平，培养出适应参与国际经济竞争和综合国力竞争的新型劳动者和高素质人才的过程。具体包括教育观念现代化、教育内容现代化、教育装备现代化、师资队伍现代化、教育管理现代化。“国家要实现现代化，教育必须率先实现现代化”，经国务院批准，教育部研究制订的“2020年中国教育发展纲要”（简称“纲要”）。“纲要”特别提出一个最基本的目标：2020年，全国初步实现教育现代化。作为教育现代化建设的一部分，中学校教育现代化建设已成为每所中学自身存在发展和适应社会经济现代化的客观要求。随着音像影视技术、计算机技术、现代通信技术和人工智能技术在教育领域的广泛应用，改变了“以课堂为中心，以书本为中心，以教师为中心”的传统教育方式，教育信息化也已成为一种必然的趋势。

随着计算机技术、通信技术、网络技术和信息存储技术为核心的现代信息技术的发展，为图书馆现代化提供了物质基础。而互联网的发展又使得信息的传递技术得到了突破性的发展。作为专门的信息收集、加工、传递和服务的机构——图书馆，其管理理念、管理的内容和工作的模式、服务的对象、业务涉及的社会

层面均发生了深刻的变化。只有开创新的图书馆信息服务事业，才能在全球网络化、信息化的当今社会中，充分展示图书馆信息服务的良好作用。知识经济的来临对社会政治、经济、教育、文化及人的思维方式、行为方式都产生着重大影响。知识投资可以提高生产能力，并将生产能力转化为新产品和新工艺。技术变革通过对劳动者的教育和培训来实现，通过让劳动者获得知识信息来实现。数字化的文献信息，拓展了图书馆的功能，扩大了图书馆的服务面，使得劳动者有了更好获得知识信息的条件。在知识经济时代，人们对图书馆提出了更多和更高的要求，如何提供有效和多样化的服务，实现多元化的服务功能，是当今社会图书馆面临的一个艰巨的任务。

中学图书馆现代化作为中学教育现代化发展中的一个重要环节，作为图书馆现代化大家庭中的一员，也必然在中学教育现代化和图书馆现代化建设的浪潮中，显现出自身的一些特点。教育信息化的基础建设已经为中学图书馆提供了必要的物质基础，在信息化建设中的巨额经费投入之后，如何使这些信息技术装备在中学的教育教学科研中发挥其应有的作用？其所依赖的信息资源如何整合？

教育部关于印发的《中学图书馆（室）规程》的通知第三条明确规定了“中学图书馆（室）现代化是中学教育现代化的重要体现，各地要将中学图书馆（室）的信息化建设作为教育信息建设的一项重要内容”。

文件表明：中学图书馆作为学校文献信息资料的中心，学校教育现代化工程中的一个有机组成部分，为适应教育信息的发展，其必然面临一种无可选择的挑战，那就是走现代化发展之路。中学图书馆的现代化，不可能形成固定的模式和标准，它应该是一个动态的发展过程，是一个综合的概念，内容归根结底应涉及两个方面：一是物质、技术方面的现代化，二是观念、制度的现代化。概括而言，中学图书馆现代化就是中学图书馆主动引入现代化的技术手段、管理方式、人力资源等，通过对馆藏资源的科学整序使之更加便利地为全校师生提供全方位的服务，并且在不断推进现代化的过程中使其服务的范围不断扩展，服务的形式不断变化，服务的内容逐步丰富，进而借助现代网络技术和资源共享理论，实现馆际之间、社区之间、资源之间的便捷交互，一切以方便师生利用为宗旨，让中学图书馆深入师生的学习、工作和生活之中。

二、中学图书馆现代化的内容

21世纪是知识、信息爆炸的时代。图书馆是获取知识、信息的一个理想场所，这已成为身处信息社会的人们的共识。因此，加强中学图书馆现代化的建设是教育改革深入发展的需要，更是广大中学进行素质教育的必要条件。学生可以通过课堂这个主渠道去获取知识，更可以到图书馆来补充“养料”。现代的图书管理设备让学生从各角度都能感受到知识经济时代发展的脚步，现代的图书信息使学生进一步了解时代发展的脉搏。由此可见，现代化的中学图书馆在实施素质教育中起着引导、辅助与传递作用。

加强对教育手段、教育方法现代化等硬件及教育思想、教育制度、教育内容等软件两方面的建设，包括加强素质教育，培养学生的创新意识和主动学习的能力，加强教师队伍建设等。中学图书馆现代化建设是中学教育现代化的必然要求。其应包含以下两个方面的内容：

（一）树立现代化的服务思想和观念

建立现代化的中学图书馆，必须破除传统的那种被动的、封闭的服务思想，代之以主动的、开放的服务思想，能够高效率地为师生读者提供最适用的信息，尽可能地满足他们的文献需求。没有现代化的服务思想、信息观念，即使有了现代化的技术设备，也不可能发挥其作用。所以意识的转变在中学现代化图书馆建设的很长一段时间内将起着至关重要的作用。

1. 树立以人为本的办馆思想，尤其应强调馆员的效用

中学图书馆员的职责就是从师生读者的利益出发，为师生服务，向师生负责，工作重心在“用”上，而且，强调以人为本，应包括以下两个方面，即作为服务客体的师生与作为服务主体的图书馆员。目前的图书馆管理主要是以人为本，较多地注重师生用户层面。随着中学图书馆现代化建设的推进，图书馆的管理与服务功能将得到进一步强化，图书馆员在图书馆的服务中将扮演越来越重要的角色。全开架借阅形式被越来越多的中学图书馆所采用，但在服务手段上如果还是老一套，就不能切实地为师生解决什么实际问题。以人为本的办馆思想，应

始终贯穿于信息收集和加工、信息传递和咨询等整个图书馆业务环节。

2. 树立以流通服务作为业务重心的观念

自动化技术尤其是计算机在中学图书馆的不断推广应用以及信息处理社会化程度的不断提高，使得信息的加工和处理业务可以通过编目数据共享库的拷贝与简单数据追加等业务外包形式来完成。这里尤其值得强调的是中学图书馆工作重心的转移涉及的采编工作外包的发展趋势问题。在中学图书馆工作人员努力提高图书馆的服务质量、扩展服务层面的同时，中学图书馆人力资源不足的现状越发显现，一个中学专业图书馆工作人员一天能录入新书在200本以内，新书的上架一般都较为迟滞，所以，采编业务外包应该是未来中学图书馆发展的趋势。但要求承担采编外包任务的出版公司有一支比较专业的采编队伍，这就需要较高层次的协调者和监督者对全局有一定的掌控能力，作为中学各学术团体的组织者，各省市级教育主管部门的技术装备处是有这个能力扮演这样的角色。可以在较大区域范围内对这类出版公司提出具体的分类编目要求，使得中学采编工作外包成为可能。可以看到这样一种趋势：越来越多的中学图书馆专业人员可以从烦琐的事务性劳动中解放出来，走到流通咨询等为师生用户服务的第一线，尤其是对二次、三次文献的整理、加工、利用、传递工作中去。

3. 树立以咨询服务作为服务重心的观念

如果说图书馆员的责任只不过是提供几本书而已，工作总停留在借借还还的简单重复劳动上的话，那么，中学图书馆得不到领导应有的重视，我们就应该理解。许多中学图书馆工作者都受到过学校重视程度不够、资金缺乏等问题的困扰和有过这样那样的抱怨，却没有很好地反思过我们作为中学图书馆的服务主体做了些什么，起到了什么效果，发挥了什么作用，是否让领导、师生感觉到了我们的不可缺少和潜在作用的巨大。中学图书馆的使命就是通过收集、组织和提示各类信息，用有效的手段将这些经过整理的信息展示和传递给师生读者，并有针对性地满足师生的各种信息需求。在这方面的深层次服务上我们做得还远远不够。仅仅充当“二传手”的传统服务观念随着中学图书馆现代化建设应得到彻底转变。那些具有高知识含量的信息产品，如各种类型的二次文献和三次文献，各类文献数据库和事实数据库，都是依靠深层次的咨询服务来完成的。所以，成为一个善于解答师生各类问题，善于提供经过分析、综合过的知识的“信息咨询专家”应该是所有中学图书馆工作者追求的目标。

（二）具备现代化的技术手段和物质条件。

一个现代化的中学图书馆，还需要具备一系列基本的条件，概括起来讲，可以归纳为五个方面：硬件、软件、数据库、人和环境。

1. 硬件

指计算机及其外围设备。计算机在图书馆业务工作中的应用属于典型的数据处理类型。中学图书馆可根据自身规模，选择微型机或小型机建立多用户微机系统（一台服务器管理下的多个终端，多个用户可同时利用终端共享服务器的硬件、软件和数据资源）。在选择计算机类型时，应首先考虑管理软件对计算机性指标的要求（如CPU类型、内存大小等）；其次，计算机产品更新速度快，中学图书馆应考虑自身的财力和工作需要，适时购买，不应盲目追逐潮流，以免造成浪费。就目前情况来看，图书馆局域网的服务器最好选用质量较好、性能稳定、售后服务较好的品牌专用服务器，因为其长时间运行，普通计算机的硬盘可能达不到要求，这样容易造成数据的丢失，不利于数据库系统的安全性的要求。对于终端而言，根据具体需要而定。一般中学校办公室装备的台式机都能满足需求。外围设备包括打印机、扫描仪、条码阅读器等。作为打印条形码设备的打印机优先选择激光打印机。由于中学生一般都以阅览为主，借阅的流通量不是很大，采用单机版管理系统的，只需要一台性能较稳定的计算机即可，但需要重视的是对数据的备份工作。

2. 软件

主要是指图书馆自动化应用软件、数据库管理软件等。随着计算机在中学图书馆领域不断应用和发展，自20世纪90年代以来，已有不少数据库管理系统可应用于图书馆，也出现了一些其他应用软件。对于中学图书馆而言，由于技术条件的局限，一般不大可能研制自身所需的图书馆自动化系统，都是通过购买现成的图书馆自动化集成系统的办法来解决。最好能购买在本地区具有相当用户群的适合中学图书馆的自动化管理软件，以利于地区中学间在使用过程中的相互交流学习。无论确定选择哪一种系统软件，我们都应充分发挥本馆的自身力量，适当考虑本馆的实际需求，要求软件供应商有针对性进行必要的修改，从而使其充分为我所用。教育部关于印发《规程（修订）》的通知文件第三条特别提到了“教育部将征集评选优秀的中学图书管理信息系统软件，向各地推荐，各地要积极创造条件予以采用”。

3. 数据库

中学图书馆主要是建立各种应用目的的数据库。（如采购、编目、期刊管理等），一般初期是依靠软件供应者提供的系统集成服务，由一批经过专业培训的编目和录入人员一次性完成，就是我们常说的回溯性建库，后期则主要依靠本馆专业的采编人员逐渐积累建立。这里需要强调的是在回溯性建库过程中，不能因为业务外包而忽视本馆的前期准备工作，应尽可能将复本、类别相同的图书及成套分编的丛书类图书集中在一起，减少录入时的差错率。回溯性建库应与本馆的分类要求相一致，以保持本馆分类录入时的延续性。各省、市教育主管部门可对中学图书馆的分类工作，以《中图法》（第五版）为基础，提出基本统一参照的规范性要求。

4. 人员

图书馆现代化建设，人是最重要的因素。现代化的技术装备必须有一批具备一定的专业技术水平的工作人员才能操作和使用。中学图书馆技术的现代化，无论在业务知识、科技知识和管理操作能力等各方面，对图书馆工作人员的要求都大大提高了，所以必须培养一批结构合理，既懂图书情报知识，又懂计算机管理的人才。通过各种形式的培训加强现有人员的知识结构更新，以适应中学图书馆现代化的需要。

5. 环境

业务环境。包括业务工作方法与规则、图书资源情况、标准化工作和科学管理等，它是最重要的环境条件。没有适当的业务环境是无法实现图书馆现代化的。

技术环境。包括计算机技术、存储技术、网络技术，这些都是图书馆现代化建设所必备的技术环境。

社会环境。随着信息时代的到来，中学素质教育的发展已经越来越离不开图书馆。学校需求是图书馆发展的原动力。在信息化这样一个大的社会环境下，将会从各个方面、各个层次推动中学图书馆现代化更快地向前发展。

以上这五个方面是中学图书馆现代化建设所应必备的条件，缺一不可。所谓

“八分设备十二分数据”“三分技术七分管理”。

三、中学图书馆现代化的特征

（一）信息载体的多样化

电子技术迅猛发展，电子型出版物与日俱增，在相当长一段时间内，印刷型、视听型、机器可读型（磁带、磁盘等）、光盘型、缩微型等信息载体将会同时并存。现代化中学图书馆不仅收藏和提供各种载体的文献资料，对不同载体的一次、二次、三次文献也应通过多元、多维、多层的服务提供给师生读者。

（二）信息资源共享

信息资源共享是现代社会的一个重要标志，随着计算机、通信、网络技术的不断推广应用，共享的程度也将日益增强。尤其是编目成果形成的机读目录，可以利用数据拷贝技术或在网络上下载成为共享库，从而使资源共享跨越一个学校、一个地区、一个城市，加强信息资源的开发、利用的广度与深度，节约了大量的人、财、物力。

（三）信息服务网络化

在现代化的中学图书馆中，师生读者不仅能使用本校图书馆的馆藏，而且还可以方便地利用其他图书馆的文献资料。先进的网络、通信、计算机技术为此奠定了坚实的基础。师生读者可以在任一终端获取所需信息，不受时空限制，实现文献资源传递的实时性和网络化。

（四）信息加工自动化

在现代化的中学图书馆中，信息的采集、加工、处理等均使用计算机。例如图书的编目、流通、连续出版物管理等工作不再依靠手工操作，人为干预的程度将大大降低。传统编目中的重号现象等问题将大为改观。

（五）著录格式标准化

要使信息资源达到共享，很重要的一个条件是在信息加工时，必须严格遵循同一著录标准。例如，在进行图书编目时，必须按照同一编目规则和同一著录格式。目前大部分中学图书馆计算机管理软件都能支持CNMARC，为今后馆际协作、资源共享奠定了良好的基础。

第二节　中学图书馆自动化建设

中学图书馆现代化建设是中学教育现代化的要求，《教育部关于印发〈中学图书馆（室）规程〉的通知》第三条明确规定："中学图书馆（室）现代化是中学教育现代化的重要体现，各地要将中学图书馆（室）的信息化建设作为教育信息建设的一项重要内容。"图书馆现代化作为学校教育现代化工程中的一个有机组成部分，势在必行。现代化的中学图书馆在实施素质教育中起着引导、辅助和传播作用。学生可以通过课堂这个主渠道去获取知识，更可以利用图书馆这个知识宝库去补充"养料"，从而加快中学普及信息技术教育的步伐，并不断地增强学生的信息意识。

所谓中学图书馆现代化建设，江苏省教育装备与勤工俭学管理中心编写的《中学图书馆管理与服务》将其表述为："中学图书馆现代化建设就是中学图书馆主动引入现代化的技术手段、管理方式、人力资源等，通过对馆藏资源的科学整序使之更加便利地为全校师生提供全方位的服务，并且在不断推进现代化的过程中使其服务的范围不断扩展，服务的形式不断变化，服务的内容逐步丰富，进而借助现代网络技术和资源共享理论，实现馆际之间、社区之间、资源之间的便捷交互，一切以方便师生利用为宗旨，让中学图书馆深入师生的学习、工作和生活之中。"

一、图书馆自动化建设概述

图书馆自动化主要是指以计算机为主体，利用通信技术和高密度存贮技术，对图书馆工作的各个环节（采访、编目、流通阅览、信息检索、图书馆管理等）实行程序控制的全过程，从而提高图书馆的工作效率，减轻工作人员的劳动量，加速文献流通速度，向用户提供更多信息。在图书馆现代技术中，计算机技术处于核心地位，它对其他现代化设备起控制、连接和转换的作用。可以这样说，图书馆自动化是图书馆现代化的核心和主导部分，是实现图书馆现代化的重要手段和过程。

《教育部关于印发〈中学图书馆（室）规程〉的通知》第十七条明确指出中学图书馆应逐步实行计算机管理。《江苏省中学图书馆装备标准》对中学图书馆管理要求中也提出中学图书馆应实行计算机自动化管理。自动化建设除了要配置复印、声像、文献保护、计算机（网络设备）、扫描仪、刻录机、打印机等设备外，更要安装一套完善的图书馆自动化系统软件，它是图书馆工作自动化的基础。

二、图书馆自动化系统

图书馆自动化系统即实现图书馆管理自动化的系统，也就是用计算机对图书馆工作进行管理的系统。现代图书馆自动化系统的组成包括硬件、软件、数据库、操作人员和管理五大项。硬件是指计算机、通信和其他有关设备，是系统的物质基础。软件是指程序、数据和开发、使用、维护程序所需要的所有文档的集合，计算机工作离不开必要的程序和数据，它配备的程序越多，计算机的功能就越强。数据库是指在图书馆计算机系统中合理存放的、相互关联的各种工作数据的集合。广义的数据库还包括对这些数据进行存取、管理和加工处理等操作的专门软件系统，即数据库管理系统（DBMS）。在图书馆自动化系统中，没有数据库是根本无法为读者提供服务的。硬件、软件和数据库必须在具有良好服务态度和精良业务能力的图书馆员的操作下才能发挥最大的作用。上述五项相辅相成、互相依赖、互相促进，共同构成了一个复杂的、完整的图书馆自动化系统。

现代图书馆自动化系统通常由采访、编目、联机检索、流通管理、连续出版物、参考咨询和Z39.50等子系统组成。

（一）采访子系统

采访子系统，是指由计算机参与处理图书馆的采访事务，系统功能是订购文献业务处理，如查重、建立订单文件、打印催书单等；文献账目的打印及各种经费使用报告单等。它包括订购管理、验收登记、经费管理、赠送交换、统计及报表生成等功能模块。

1. 订购管理

包括馆藏与订购文献的查重、订购管理等功能。查重除了利用存储在计算机系统中的本馆馆藏目录数据库中的数据，还应建立文献采购数据库。文献采购数据库的主要字段包括订单号、题名、著者、出版社、ISBN（国际标准书号）、价格、订购的册数、供应者、订购日期等。采购数据库的建立可以采用自行录入、外部源资料的套录、从网上下载数据等。查重时，将馆藏目录数据库中的记录与订单上欲订购的文献加以对照，以确定本馆是否已购该文献。订购查重时可从文献的题名、责任者、1SBN等途径入手检索。对于“在订购”文献，提供订购号、发行者、订购日期等字段的查询功能。可以打印订单、订购催询，进行发行者的管理等。

2. 验收登记

包括验收、个别登记、总括登记、打印总括登记表、增加和修改订购信息和记录、自动录入条形码号等子功能。

3. 经费管理

包括预付款管理、实付款管理、经费使用报告等子功能。控制、管理经费使用情况及有关单据，以及与发行者的财务往来，对经费支出做出有效记载，采访管理人员可以及时了解经费使用情况，并及时进行调整。

4. 赠送交换

对交换往来与各种无偿赠送的文献进行登记、移交、签订交换关系及管理。

5. 统计及报表生成

包括预订文献和到馆文献统计、接收统计、赠送统计，并生成上述各种统计报表。系统还可以进行预订图书的分类统计、书商统计、语种统计、文献类型统计、财产统计、经费统计等。

采访管理子系统对于印刷图书、录音、录像带、电子出版物等的处理方法大致相同，根据图书馆的习惯，可按文献类型分别处理。

（二）编目子系统

编目管理子系统是依照机读目录标准及有关规范，建立图书馆中央书目数据库和预编库，提供编目过程中有关查重、数据输入、卡片输出等功能环境。

1. 编目查重

在分编库、中央书目数据库中，核查待分编文献是新文献还是复本。如果该文献为复本，则对旧有书目数据库中该文献件数、财产号、条形码号等进行修改、追加；如为新书，则进入下一程序。

2. 编目建库

按照机读目录格式与著录格式，在预编库中对新文献分批进行编目。一般采用窗口形式向编目人员提供有关著录字段（相当于手工卡片中的著录项目）的标识（如“题名”“责任者”“出版社”等字段名），图书编目的字段应能提供标准的CNMARC（中国机读书目格式）供使用者选择。编目人员将待编文献的信息，著录在相关字段的空格中。每一种文献的信息，构成目录库中的一条书目记录；众多的文献目录信息记录，构成图书馆的书目数据库（相当于传统的图书馆卡片目录）。预编库的书目诅录在该批分编文献移交典藏部门验收后，即可添加到中央书目数据库中去。

3. 编目查询

从文献目录编号、ISBN、分类号、题名、责任者、主题词、索取号等途径，以全屏幕机读格式显示查询结果，辅助编目人员的编目工作。

4. 输出目录产品

目录产品包括卡片目录、书标、书本式目录、机读目录等。在有些图书馆，实行卡片目录和机检目录双轨制的方法，但在许多图书馆已逐步淘汰了卡片目录。

5. 编目统计

包括个人工作量统计、全体工作量统计、分编库记录分类统计与分编库记录状态统计、总书目库记录分类统计与总书目库记录状态统计。

（三）流通管理子系统

流通管理子系统的功能是处理图书馆的文献外借业务，使用条形码作为文献与用户的识别符号，用光笔等识别仪器快速处理借、还等文献流通业务。流通子系统直接与读者接触，处于图书馆的第一线，它的运转情况直接反映馆藏建设的质量、满足读者需求的程度、服务质量和科学管理水平等，所以，实现流通工作的计算机化，建立一个高效、稳定的流通管理自动化系统至关重要。

流通子系统包括文献流通事务管理、流通管理查询、用户管理、统计报表生成与打印等。

1. 文献流通事务管理

文献流通事务管理包括文献外借、文献归还、续借、预约借书等环节。

文献外借是通过光笔读入用户借书证号及文献条形码号，给合法用户办理借阅手续。它能迅速将文献、借阅人、借阅日期等信息连接在一起，并显示有关统计数据，如用户已借阅文献情况等。对违章用户除拒借书外，还要告诉拒借的原因。

文献归还是利用光笔读入文献条形码号，将用户欲归还的文献作注销处理，并修改有关数据，如归还人数、归还文献册数等。对过期文献按罚款规定计算罚金，并打印罚款单。

续借是为用户办理续借手续。

预约借书是在预约文档中，为预约者建立包含被预约文献、预约人和预约日期等信息的记录。在该文档中，对于同一种被预约的文献，按预约日期的先后次序排队。排队时，还需要考虑预约权的级别。

2. 流通管理查询

流通管理查询包括文献预约查询、文献借阅查询、用户预约查询、日志查询等。其中，日志查询指通过日志文件查询一段时间内某操作人员、外借处（阅览室）的流通情况。

3. 用户管理

用户管理包括用户档案管理和用户流通管理。用户档案中记录用户姓名、性别、年龄、单位、职务或职称、借阅证号码等内容。可进行增加新用户、修改用户信息、查询用户情况等操作。用户流通管理提供借阅情况查询、挂失、挂失恢复、停借等处理。此外，还有用户借阅证押金管理功能。

4. 统计报表生成与打印

统计报表生成与打印包括流通综合统计、借阅统计、用户基本情况统计、用户到馆率统计、借阅处（阅览室）文献财产统计，以及预约通知单、催书单、罚款清单的生成与打印。

（四）联机检索子系统（公共查询）

联机检索子系统由用户或工作人员所使用的计算机终端与图书馆的主机中的书目数据库相连，通过一个一致的用户查询接口，为用户提供查询方式多样、功能齐全、技术先进、操作简便的公共联机查询系统（OPAC），查询整个集成系统中的书目数据。工作人员或用户可通过计算机终端查询书目数据库中的书目信息。检索时，可根据计算机屏幕上显示的有关提示信息，从文献的题名、责任者、分类号、主题词等途径检索，也可以对上述途径进行联合检索、逻辑检索。

联机检索子系统提供的书目检索查询手段，取代了图书馆原有的笨重、检索不便、查检速度慢且不准确的卡片目录或书本式目录。一次输入目录信息，可以提供多种检索途径，并且可以同时满足图书馆工作人员和用户检索目录的需要，检索查询方便、快速、准确。

利用OPAC，用户还可以通过网络查询网上其他图书馆的公共目录。

（五）连续出版物子系统

包括从订刊到入藏、流通的整个连续出版物处理过程的自动化管理。图书馆中最主要的连续出版物包括期刊、报纸等。其流程包括订购、登到、催询、装订、编目、入藏、检索、流通等。一般来讲，图书馆期刊管理是系统中比较复杂的工作，因为期刊出版物周期的变更、刊名的变化以及增刊、附刊、期刊索引出版等具有不规律性，所以，在管理中有别于图书等文献的管理。

1. 期刊订购

期刊订购工作有新订、续订以及停定（包括停刊）的处理。订购的季节性较强，有一定的时间限制。订购工作基本上一年一次，同种期刊每年的订购数据基本不变，可重复使用。应当建立期刊订购库，订购库主要有这样一些字段：ISSN（国际连续出版物标准号）、CN号、刊名、出版者、编者、邮政编码、订单号、预订份数、期刊、价格、采购分类、邮局发行号、期刊来源、开户银行、账号、发票号、经手人、订购日期、附注等字段。利用期刊订购库可以进行订购查询，一般来说，查询途径有ISSN号、订购刊号、统一刊号、刊名等。

2. 现刊管理

现刊管理包括报刊记到、催询、装订、打印装订清单等。

3. 期刊编目

期刊编目包括期刊著录数据库输入、合订本编目等。期刊编目的结果是形成期刊书目数据库。期刊书目数据库是期刊管理系统中的主库。建立期刊书目数据库可以通过购买现成的标准MARC数据或自建书目数据。

4. 交换赠送

交换赠送包括对交换赠送报刊查重、登记和统计等功能。

5. 联机检索

联机检索可从下列字段检索本馆报刊：记录控制号JSSN号、统一刊号、订刊号、分类号、期刊题名等。

（六）参考咨询子系统

为完成图书馆参考咨询工作而设计的自动化子系统，它提供给用户一种咨询手段，使之通过此系统，了解所需的各种信息数据。参考咨询子系统利用所管理的工具库、各种数据库、光盘电子出版物、参考咨询档案库，以及互联网获取信息，来满足用户提出的咨询课题。

（七）Z39.50子系统

Z39.50协议是关于信息检索的美国ANSI/NISO标准和国际ISO39.50标准协议，是计算机系统之间进行相互连接的一系列标准之一。ANSI/NISOZ39.50全称为American National Standard Information Retrieval Application Service Definition and Protocol Specification for Open System Interconnection，它是一种基于ISO/OSI参考模型的应用层协议，它通过定义客户机端与服务器端之间信息交换格式和信息处理过程，为不同信息系统提供一个通用接口，对各种信息资源采用统一的检索方法，从而解决信息异构检索问题。

采用Z39.50标准设计的数据库系统接口有两种：一种是装在客户机上的叫作Client端，另一种是装在服务器上的叫作Server端，一个软件的Client端可下载和抽调另一批网站上Server端的书目及文献数据，而一个服务器的Server端也可被其他网站上的大批Client端抽调或共享数据。一套图书馆软件可以只有Client端或Server端，也可以又有Client端又有Server端。一般来说，Client端比Server端容易设计和应用，因此具有Z39.50的Server端接口的图书馆管理系统软件，设计和开发的难度就大一些。

用标准的Z39.50客户机和服务器可以将所有的计算机前端检索系统与后台的数据库系统结合起来，实现网上资源的透明互访。目前，各图书馆自动化管理软件中一般都具有Z39.50服务功能，尤其在编目模块中Z39.50的引入，极大地提高了图书馆采编人员的分编效率。

图书馆自动化管理系统软件中根据Z39.50标准构成的文献检索系统，可以通过网络检索文本图像和其他多媒体信息资源，还可以使图书馆的客户机对网上多个不同的数据库系统进行检索。一般来说，不同的图书馆自动化管理软件的数据库结构都各不相同，在计算机专业用语中叫作异构软件。如果两个异构软件中有一个不采用Z39.50标准作数据接口，那么这两个异构软件间就不能共享书目数据及其他文献和多媒体信息。

不同的软件，只要各自的数据接口遵循Z39.50网络通信协议，就可以用自己的Z39.50的Client端连接到一个或多个有Z39.50的Server端的编目中心，免费或有偿抽调编目数据。如果各中学图书馆所用的不同品牌版本的软件都实现了Z39.50的Client端和Server端功能，相互间既可抽调下载，又可上传或被人抽调编目数据，最终就能实现最广泛的联机编目。

三、图书馆自动化系统的选择

中学图书馆自动化系统应按照教育部颁布的《教育管理信息化标准》中的“图书管理系统子集”的相关要求：采用《中国图书馆分类法》，支持Z39.50协议，支持通用的MARC标准，能实现国家标准CNMARC数据格式与卡片式通用款目数据格式双向高速转换，支持GBK《汉字扩展内码规范》，支持ISO 10646大字符集汉字系统，能采用《中国分类主题词表》实现分类号与主题词对应检索。

目前，市场上流行的适合中学图书馆的图书馆自动化系统有ILAS（S）、金碟、春晖、华夏、文化、妙思等。这些系统软件各有优缺点，功能模块也不完全相同，但其基本原理大同小异。中学图书馆由于馆藏资源少，人手紧，资金投入少，工作人员结构失调，因此，所选的图书管理系统软件必须具有较强的可扩充性和生存周期。系统功能如果过于简单，缺乏必要的扩张性，图书馆将来要自建一批专类数据库时，就有可能连接不上。系统如果缺乏前瞻性，其生命周期就会变得短暂，多年之后，该系统必然无法与其他图书馆系统相比较，从而处于落后的位置。除此之外，还应选择界面友好、操作简单方便、功能完备的图书管理系统.以减少图书馆工作人员的劳动量和学习使用系统的时间，提高图书馆工作人员的积极性。

第三节　中学图书馆网络化建设

计算机网络技术的发展，使中学图书馆的管理和服务从单机模式发展到网络化模式。网络化是图书馆自动化发展的必然趋势，也是信息资源共建共享的基础。图书馆网络化建设是指运用计算机网络技术将某一区域内的一个个物理空间封闭的中学图书馆局域网进行连接，形成一个大型的中学图书馆网络，并接入到互联网中，从而使得区域内各中学图书馆真正地实现联机检索、联机采访、联机编目、馆际互借、文献传递及资源共建共享等功能。

一、中学图书馆局域网建设

目前，中学图书馆自动化系统一般都采用局域网模式进行构建。所谓局域网，是指在一个局部的地理范围内，将各种计算机、外部设备和数据库等互相连接起来组成的计算机通信网。由于局域网具有高可靠性：易扩缩和易于管理及安全等多种特性，且构建容易、成本低，因此在中学图书馆自动化系统建设中得到广泛应用。

局域网的基本组成包括以下几个方面：

（一）网络硬件设备

网络硬件设备是指用于建立网络连接的各种设备，包括网络传输介质、网卡、调制解调器、集线器、交换机、路由器和网关等。

（二）网络协议

网络协议是为保证计算机通过网络互相通信的一套规则和约定。计算机通信离不开通信协议，通信双方只有遵循相同的或兼容的协议，通信才能进行。在网络技术的开发过程中形成了多种协议，不同的网络通常采用不同的协议。例如，NetWare系统中常用IPX/SPX协议，Unix系统中使用TCP/IP协议。TCP/IP协议目前广泛用于Internet，Intranet和小型局域网中。

（三）网络操作系统

网络操作系统是完成网络通信、控制、管理和资源共享的系统软件的集合，一般安装在网络中作为服务器的计算机上，用来控制和管理网络资源。

对于接入Internet的计算机网络系统，它的资源既包括本地资源，也包括网络资源，它应该既能为本地用户使用资源提供服务，也能为远程网络用户使用本地资源提供服务。网络操作系统的基本任务就是要屏蔽本地资源与网络资源的差异性，为用户提供各种基本网络服务功能，完成网络资源的管理，并提供网络系统的安全性服务。

（四）服务器

服务器是指能向网络用户提供特定的服务软件的设备。服务器的定义包含以下两方面内容：一方面，服务器的作用是为网络提供特定的服务，人们通常会以服务器提供的服务类型来命名服务器，如提供文件共享服务的服务器称为文件服务器，提供打印队列共享服务的服务器称为打印服务器；另一方面，服务器是软件和硬件的统一体，特定的服务程序需要运行在特定的硬件基础上，如大量内存、高速大容量硬盘等。

服务器要完成服务功能，需要由服务程序来完成服务策略，并通过硬件实现所需的服务，如文件服务需要大容量硬盘，打印服务需要高速打印机。由于整个网络的用户均依靠不同的服务器来获得不同的网络服务，因此，网络服务器是网络资源管理和共享的核心，网络服务器的性能对整个网络的共享性能有决定性的影响。

服务器运行网络操作系统，为网络提供通信控制、管理和共享资源。每个独立的计算机网络中至少应该有一台服务器，而在低成本局域网中，可以直接采用高性能的PC机作为网络服务器。

（五）工作站

工作站是指连接到计算机网络中具有独立运行功能并且能够接受网络服务器

控制和管理，共享网络资源的计算机。用户主要通过工作站使用网络资源并完成自己的任务。网络操作系统通过在个人计算机中增加网络功能，使之成为网络工作站。工作站上运行的软件包括工作站启动程序和工作站应用程序。每个工作站上使用的启动程序都是根据工作站使用的网卡来决定的。

网络工作站是用户使用网络的接口，是用户工作的真正平台。用户从工作站登录入网后，通过工作站向服务器发出请求，得到服务器响应后，从服务器取出程序和数据，传送到工作站内存，并在工作站上执行应用程序，对数据进行加工处理，然后又将处理结果传回到服务器中保存。网络上的所有工作站都能共享服务器上的程序和数据信息。

工作站本身是具有独立处理能力的完整的计算机系统。它可以不连接到外部环境（如网络、主机）而独立完成自己的任务。当它连接到外部环境后，既可共享外部环境提供的资源，也能将本地的资源提供给外部环境，供其他使用者共享。

二、中学图书馆网站建设

中学图书馆网站建设是中学图书馆网络化建设的中心之一，是中学图书馆为服务于广大读者所搭建的网络平台，是公众在互联网上获取公共文化服务的重要渠道，也是中学图书馆为社会大众提供文献资源、协助学术研究、推动知识传播、促进终身学习的重要渠道。它既是中学图书馆在互联网上的网络地址，又是物理图书馆在互联网上的具体表现形式，是网络环境下中学图书馆揭示馆藏信息资源的重要窗口，是中学图书馆服务的延伸和扩展。

一个好的图书馆网站可以成为中学图书馆对外宣传的阵地，成为中学图书馆教育资源共享的桥梁，成为中学师生读者互动交流的平台。《江苏省中学图书馆装备标准》中指出："中学图书馆应建立图书馆网页，并实现网上资源共享"。然而据相关统计，目前国内绝大部分的中学图书馆没有建立自己的网站。

（一）网站功能设置

一个好的中学图书馆网站应具有以下几个方面的功能：

1. 文献检索功能

文献检索功能是中学图书馆网站建设的基本功能之一。利用文献检索，读者可以了解图书馆的文献资源信息，方便地查找到所需文献获取路径等。目前中学图书馆自动化系统基本上都提供了联机检索系统，可以方便地将其与图书馆网站相连，从而提供本馆馆藏资源查询和读者信息查询。

2. 读者教育功能

《中学图书馆（室）规程》第三条明确指出，中学图书馆应“利用书刊资料对学生进行政治思想品德、文化科学知识等方面的教育；指导学生课内外阅读，开展文献检索与利用知识的教育活动；培养学生收集、整理资料，利用信息的能力和终身学习的能力；促进学生德、智、体、美等全面发展”。图书馆网站的教育功能是传统图书馆教育功能在网络环境下的延伸和拓展，并且比传统图书馆的教育投入少，但影响范围更大，效果更好。中学图书馆网站的读者教育功能主要体现在：在图书馆主页中组织一些与图书馆使用、电子资源使用有关的专题介绍，开办网络讲座和展览等。

3. 参考咨询功能

读者在使用图书馆网站资源的过程中经常会遇到各种与图书馆相关的问题，这些问题往往需要得到图书馆工作人员的帮助。参考咨询服务就是为了帮助读者更好地利用图书馆资源而开展的一项服务，它主要通过对读者个别解答的方式，有针对性地向读者提供帮助。目前比较适合中学图书馆的参考咨询方式有FAQ、E-mail，留言簿、电话、实时在线咨询等。

4. 网络导航功能

网络导航功能是中学图书馆网站的又一主要功能。网上的信息资源巨大，中学图书馆应根据广大师生读者需求，对网络信息资源进行认真的收集、评价和选择，有针对性地把物理上分散的、杂乱无章的信息资源逻辑地链接在某一特定专题之下，方便读者利用图书馆网站更快、更好地从网上获取大量适时的、可用的、有益的信息。导航内容主要包括国内其他中学图书馆网站、学科专题导航、免费信息资源、搜索引擎、热门站点等。中学图书馆网站不仅可以通过网络导航功能丰富图书馆的馆藏资源，而且开阔了中学图书馆对外信息交流的窗口，加快了中学图书馆信息资源共享的步伐。

（二）网站设计

中学图书馆网站设计要充分体现为中学师生服务的思想，将中学师生的需求作为网站设计的依据，体现出知识性、教育性、趣味性、互动性。

1. 网页布局

网页布局是网站建设的重点，关系到网站建成后的整体效果。中学图书馆在网页布局设计时应体现出图书馆蓬勃向上的青春感、时代感，体现出学校的特色；版面布局要合理、有新意，且层次分明，色彩搭配和谐自然，字体美观大方，图文并茂，动静效果好，特别要符合中学生的审美观。

2. 栏目设置

栏目设置是否合理对今后网站的维护和内容的扩充与更新非常重要，在栏目设置时应充分体现中学图书馆网站所具有的功能。中学图书馆栏目设置大体可分为三个部分：

（1）宣传类栏目

这类栏目主要是为了宣传图书馆概况及相关知识而设定的，如："本馆概况"栏目用于介绍图书馆的历史、组织机构、馆藏布局、规章制度等；"图书馆新闻"栏目用于发布图书馆相关通知和新闻等；"联系方式"栏目则是为了便于读者与图书馆建立联系。

（2）馆藏资源类栏目

这类栏目主要是提供读者使用图书馆相关资源的路径和方法。一般包括用于馆藏文献查询的"文献查询"栏目；用于向读者介绍馆藏资源的"馆藏推荐"栏目；用于自建教学资源服务的"课件园地""科普知识"等栏目；用于链接数据库的"电子资源"栏目；等等。

（3）导航类栏目

这类栏目一般提供的是图书馆工作人员通过网络收集、整理过的资源链接，如提供国内其他中学图书馆网站、学科专题导航、免费信息资源、搜索引擎、热门站点等。

（三）网页制作

网页制作是中学图书馆网站建设的实施阶段，是网页制作人员根据图书馆所制定的图书馆网站建设目标、页面布局、栏目设置等要求，运用相关软件制作相关网页的过程。由于网页制作需要具有专业知识，中学图书馆因人员条件限制一般难以独立完成，所以在实际制作时中学图书馆可以委托本校网站管理人员来完成，同时可聘请他们负责图书馆网站的日常系统维护工作。

（四）网站维护

网站维护是网站建设的后续保障，一个没有持之以恒更新维护的网站，很快就会失去其建立的意义而被淘汰，因此要重视图书馆网站的日常维护工作。图书馆网站日常维护工作包括许多方面，如网页更新、读者互动、设备日常维护等多个方面。设备日常维护一般可聘请校园网站管理人员负责，包括进行硬件设备的日常维护、更新，系统软件打好补丁，升级杀毒软件病毒库，升级防火墙等，保证网络的畅通无阻。而中学图书馆工作人员在网站维护中则主要做好以下两个方面的日常维护工作：

1. 网页更新

由于信息具有时效性的特点，因此网站信息需要不断地更新，只有不断搜索、加工、利用信息，持续不断地为读者输送新信息、新知识、新方法，才能保证图书馆网站的生命力。中学图书馆工作人员应注重对网页的及时更新，不仅需要及时发布图书馆内部最新动态（如新书通报、读书活动等），还要时刻关注网上资源的变化情况，努力挖掘出有用的信息资源，从而引导读者更有效地利用网络资源，使图书馆网站成为读者学习不可或缺的一部分。

2. 读者互动

图书馆网站作为图书馆与读者交流的桥梁和纽带，一般都设置有读者互动栏目，图书馆工作人员应及时答复读者的问题，并及时关注读者提出的问题和建议。

第四节　中学图书馆数字化建设

以计算机技术、网络通信技术为代表的互联网迅速崛起，推动人类社会在经历了农业社会和工业社会后，开始进入信息社会；与此相适应，图书馆在走过传统图书馆阶段、自动化图书馆阶段后，也开始步入数字图书馆阶段。这将是图书馆发展历史上的一次变革。数字图书馆自20世纪90年代初在美国问世以来，经过多年发展已经形成难以计数的项目和成果。数字图书馆的概念和应用逐渐地深入人心，它已经成为人们日常工作、学习不可或缺的有效工具。它给传统的图书馆的未来发展带来了无可限量的发展机遇，同时也提出了一系列严峻的挑战。中学图书馆作为传统图书馆体系的重要组成部分，也面临着向数字化发展的迫切要求。中学图书馆进行数字化建设的最终目的是建立中学数字图书馆，这也是中学图书馆现代化建设的必然趋势。

一、中学数字图书馆在教学中的作用

教育部颁发的《关于在中学实施“校校通”工程的通知》，正式启动了大规模的基础教育信息化建设。“校校通”工程的实施为中学数字图书馆建设奠定了硬件基础，学校对数字化资源的需求也变得日益迫切。因此，不少思想意识较为领先的地区和学校开始一些数字图书馆建设的尝试，迈出了数字化图书馆的第一步。教育部颁布《的中学数字图书馆（室）规程》（以下简称《新规程》），从政策层面明确了对中学数字图书馆建设的要求。《新规程》第七条提出：“图书馆要重视和加强图书馆与校园网（城域网）的结合，实现网上电子图书资源共享。”此后，各地中学数字图书馆的建设进入了一个新的发展高潮。

我国开始了新的一轮基础教育课程改革，课程改革不仅使教育形式与学习方式发生了改变，更重要的是对我们的教育观念产生了深刻的影响。数字图书馆作为学校的教育教学和教育科学研究的服务机构，越来越在新课程改革中充分发挥了重要作用。

（一）成为数字化教育信息资源中心

作为网络教学资源中心，数字图书馆收藏有大量的数字化教学资源，如多媒体电子教材、计算机教学课件、教学光盘、教学软件、专业教学网站上的教育教学信息，极大地满足了教育教学的需要，支持和推动了教育模式的改革和创新。人们已经不再满足用数量衡量，更重要的是要用针对性和方便的获取性等质量指标对资源进行评价。

（二）构建先进的网络教学平台

数字图书馆以其先进的网络化、数字化技术和信息服务优势，致力于开发网络教学支持服务，提供数字化多媒体、交互式的专业平台，建立适应社会成员终身学习需求的教学资源和学习支持服务系统。通过网络教学平台，实现了教学资源、教学和教学管理信息的快速传输，实现了教师和学生间的实时与非实时交互。

（三）构造方便、个性化的学习环境

数字图书馆利用自己的资源优势，创立具有个性化互助教学功能的多媒体网络教室，以Web方式向校园网上用户提供教学服务。学生可以参照教学大纲的要求，结合自身的具体情况，合理支配学习时间，自控学习进度，在任一具有校园网结点的地方自助学习。利用网上多媒体教学软件，可让学生在轻松的气氛中学习，提高学习效率，而且学习的主动权全在学生手里，学生可以学习自己感兴趣的东西。

（四）实现教育教学资源的交流与共享

数字图书馆的数字化馆藏、各种网上媒体资源以及各专业教学网站为各个层次的教学提供了丰富的资源。计算机和网络技术又使学习者之间相互帮助、分享教学资源成为可能。数字图书馆的高度网络化、数字化，可保障教学资源的高效传输，促进教学资源共享和优化组合。中央电化教育馆西部中学远程教育资源服务中心，以平均每天1GB的流量，向西部地区数千所中学免费提供教育教学及农村实用技术资源，因此，数字图书馆要整合各类网上教育资源，以实现教育信息资源的交流和共享。

（五）网络教育信息资源的利用

数字图书馆通过对网上丰富的教育信息资源进行搜集、加工、整理，建立教育信息资源网址导航库，并将其整合到数字图书馆门户网站网页上，方便广大教育科学研究人员、教师、学生搜索利用，从而使网络教育信息资源得到最快、最好的利用。

二、中学数字图书馆资源建设

中学数字图书馆建设是一项系统工程，包括平台建设、资源建设、人员培训、应用服务等，因此，绝不是单纯采购一个数据库产品。其中，数字化资源建设是中学数字图书馆建设的核心。

（一）中学数字图书馆资源构成

中学数字图书馆资源构成按获取途径及载体形式可以分为以下几种：

1. 书目数据库

传统的书目数据库建设作为图书馆自动化业务的核心，在数字图书馆时代，书目数据库的地位正在逐渐削弱，它将被全文数据库所取代。

2. 全文数据库

作为最具创新意义和最有价值的数据库形式，全文数据库的出现体现了信息服务发展的必然，各种全文数据库的建设也极大地提高了教学和科研的效率，并逐渐在数字图书馆中占据相当大的比重。

3. 电子图书

电子图书的出现，是书籍发展的一大飞跃。从载体、生产流程、阅读方式、获取途径等方面彻底发生了变化，对图书馆来说也丰富了数字馆藏，并逐渐被人们所接受。

4. 音像视频资料

伴随着网络技术的发展，网上音像资料的传输已经不再成为瓶颈，大量的音像资料给图书馆馆藏注入了新的生机，各种图形、动画、音乐、视频为图书馆馆藏续写了色彩斑斓的一笔，把更生动、活泼的资料真实地再现在读者面前。

5. 光盘数据

光盘以其容量大、保存时间长、节省空间等优点为图书馆界所认可，大量的书籍、数据、影音资料都以其为载体发行，成为图书馆馆藏多种载体形态中最具竞争力的一分子。

6. 教学课件

教学课件的应用在近几年也呈现上升趋势，教学课件在教学中充分利用了多媒体技术，通过多种手段来提高学生的学习效率和教师的教学效率，已经取得了较好的效果。

7. 其他网上服务

如馆际互借、联合编目、论坛、留言板、虚拟社区等等。

（二）中学数字图书馆资源建设策略

普通馆藏目录信息的数字化工作是图书馆数字化资源建设的最基础性的工作，主要是指馆藏图书、期刊、论文文献、科技会议报告、报刊文献以及电子文献等。但是随着广大中学生对知识信息需求的飞速增长，仅有的这些基本资源已经不能满足其需要，中学图书馆要更好地实现其服务功能，还必须加强以下几个方面的建设：

1. 建立特色文献资源体系

特色文献资源体系主要是指在对馆藏资源进行系统分析的基础上，依据不同文献资源的学术价值、实用价值、馆藏价值及利用率高低，读者需求情况等，确定出本馆的核心馆藏、特色馆藏，然后对其进行全面的数字化工作，建立起具有专业特色、权威性和前瞻性的特色文献资源体系。

2. 积极引进馆外资源

在经费允许的情况下，根据图书馆数字化资源建设的需要，积极慎重地引进各种数字化馆藏文献，是加快图书馆数字化资源建设、实现图书馆跳跃式发展的捷径。其主要内容可包括两个方面：第一，建立镜像站点，移植国内或国外图书馆及大型数据库出版中心的数字化馆藏，来充实图书馆资源。第二，有目的、有选择地购买各种具有学术性、科技性、资料性、娱乐性的多媒体资料，以及具有学术权威性的教学课件等，更好地提升中学图书馆的服务功能。

3. 科学开发网络资源

现代网络信息资源丰富，包罗万象，其内容涉及农业、生物、化学、数学、天文学、航天、气象、地理、计算机、医疗和保险、历史、大学介绍、法律、政治、环境保护、文学、商贸、旅游、音乐和电影等几乎所有专业领域，它是知识、信息的巨大集合，是人类的资源宝库。但是由于这些信息过于庞杂，一般读者尤其是中学生读者很难准确地找到所需信息，更不用说对网上有用信息进行深层次的开发与利用。作为中学图书馆，就应该做好科学合理地开发网络信息资源的工作，即根据本馆的专业特点制定目标，选定信息资源的学科范畴，对有关网站，网页去伪存真、提取精华、合理组织，使之成为能够提供检索浏览和链接的信息集合。首先，要将网上大量的信息资料进行科学有效的组织，使之有序化、链接化、指针化，以便引导中学生读者方便快捷地找到所需信息；其次，要根据不同读者群的需求和利用率，借助各种有效的搜索引擎，收集相关的信息资源，并分门别类地将其下载，然后按照一定的主题，对它们进行过滤、分解、整合，形成新的二次数字文献。

参考文献

[1] 申晓娟 . 图书馆业务工作相关标准规范概览 [M]. 北京：北京师范大学出版社，2019.

[2] 林育真 . 我的科普图书馆成群结伙的蚂蚁 [M]. 济南：山东教育出版社，2017.

[3] 沈娟编 . 光影图书馆 [M]. 北京：中国戏剧出版社，2019.

[4] 杨杰清 . 现代图书馆管理实务 [M]. 北京：现代出版社，2019.

[5] 孙爱秀 . 图书馆管理与信息应用 [M]. 沈阳：沈阳出版社，2019.

[6] 朱丽君，卫冉，肖倩 . 图书馆管理与智能应用 [M]. 长春：吉林人民出版社，2019.

[7] 孙桂梅，刘惠兰，王显运 . 图书馆管理与服务创新研究 [M]. 北京：现代出版社，2019.

[8] 李良艳，陈俊霖，孙杏花 . 现代图书馆管理理论研究 [M]. 北京：中国商务出版社，2019.

[9] 李静，乔菊英，江秋菊 . 现代图书馆管理体系与服务研究 [M]. 长春：吉林人民出版社，2019.

[10] 孙刚 . 与图书馆交朋友中学生图书馆信息素养活动手册 [M]. 上海：上海教育出版社，2017.

[11] 董伟 . 新媒体时代图书馆管理与服务研究 [M]. 长春：吉林人民出版社，2019.

[12] 沈洋 . 图书馆科学管理与创新发展 [M]. 北京：中国青年出版社，2019.

[13] 师美然，张颖，张雯 . 图书馆创新与现代管理研究 [M]. 长春：吉林人民出版社，2019.

[14] 李国翠，郭旗 . 图书馆资源建设与管理艺术 [M]. 长春：吉林美术出版社，2019.

[15] 马利华 . 图书馆信息管理与服务研究 [M]. 延吉：延边大学出版社，2019.

[16] 谭晓君 . 图书馆管理与服务创新研究 [M]. 天津：天津科学技术出版社，2018.

[17] 杨秀臻 . 图书馆知识管理与服务研究 [M]. 天津：天津科学技术出版社，2018.

[18] 马雨佳，于罪，高玉清 . 现代图书馆信息管理及服务研究 [M]. 北京：九州出版社，2018.

[19] 陈越华，何生荣，陈小琴 . 图书馆资源管理与档案服务创新 [M]. 北京：中国纺织

出版社，2018.
[20] 方家忠 . 新时代中国城市图书馆发展 [M]. 广州：广东人民出版社，2018.
[21] 陈三保 . 新形势下图书馆服务与创新 [M]. 昆明：云南科技出版社，2018.
[22] 唐玲 . 图书馆文化与职能建设 [M]. 天津：天津大学出版社，2018.
[23] 钱静雅 . 我国现代图书馆管理理论与实践研究 [M]. 北京：中国水利水电出版社，2017.
[24] 张立，李莘 . 图书馆管理学 [M]. 成都：电子科技大学出版社，2017.
[25] 郑锦怀 . 中国现代图书馆先驱戴志骞研究 [M]. 青岛：中国海洋大学出版社，2017.
[26] 孔德超 . 图书馆资源配置研究 [M]. 郑州：河南人民出版社，2017.
[27] 薛天 . 公共图书馆儿童读者活动理论与实务 [M]. 长沙：湖南大学出版社，2017.
[28] 李梅 . 信息时代背景下图书馆服务功能的优化与创新研究 [M]. 长春：吉林出版集团股份有限公司，2017.
[29] 曹学艳，张晓东 . 全媒体环境下的信息资源建设导论 [M]. 西安：西安电子科技大学出版社，2017.
[30] 于瑛 . 现代图书馆管理体系研究 [M]. 哈尔滨：东北林业大学出版社，2016.
[31] 杨静，景玉枝 . 数字图书馆服务与管理 [M]. 赤峰：内蒙古科学技术出版社，2016.